Vom Böhmerwald zur Adria

Mit Rucksack und Notizblock

Leonhard und
Christian Reinisch

Vom Böhmerwald zur Adria

SÜDWEST VERLAG MÜNCHEN

Für Elisabeth Charlotte
† 17. 8. 1975

ISBN 3-517-00652-1
Umschlaggestaltung und Karten: Hans Limmer, München
Gesamtherstellung Welsermühl, Wels

Inhalt

Ein Brief als Vorwort

Liebe Leserin, lieber Leser!

Dieses Buch gehörte eigentlich den Großmüttern unserer drei jungen Wanderer. Die hatten nämlich ihren Kindern, später ihren Enkeln beigebracht, daß sie von ihnen zu den Festen nichts Gekauftes haben wollen. Es sollte etwas sein, in das sie selber ein bißchen Nachdenken und Mühe, etwas Phantasie und vor allem ein Stükkerl Herz hineingesteckt haben – ein selbstgehäkelter Topflappen oder ein paar Knüppelverse, ein Scherenschnitt oder ein liebevoller Brief, eine kunstlose Zeichnung oder eine selbstgetöpferte Vase – oder auch ein paar Fotos mitsamt der Geschichte, die zu ihnen gehört. So zählte für die Großmütter jedesmal als schönstes und wichtigstes Weihnachtsgeschenk das Bilder- und Tagebuch des vergangenen Jahres, das ihnen die Kinder und Enkel unter den Christbaum legten (für die Enkel wiederum war unter der Hand eine Chronik ihres Lebens vom Tag der Geburt bis heute entstanden). Da die beiden Großmütter außerdem im September Geburtstag haben, wurden die illustrierten Ferienerlebnisse das Geschenk für diesen Festtag.

Der Zufall wollte es, daß eines dieser Bücher – »Die Wanderung vom Nebelstein nach Laibach« – unser Verleger sah. Es müßte eigentlich auch anderen Spaß machen, meinte er, vielleicht regt es diesen und jenen sogar bei den eigenen Urlaubsplänen an oder dazu, wie man den erlebten Urlaub fester in die Erinnerung einbaut. Unter den vielen nützlichen Do-it-yourself-Büchern könnte es eine neue Sparte einleiten, sozusagen die Bücher für Urlaubs-Bastelfreunde.

Ehrlich gesagt hat mich dieser Vorschlag gleichermaßen erfreut wie erschreckt. Stolz war der Vater natürlich über die fachmännische »druckreif«-Anerkennung für das Tage- und Skizzenbuchgekritzel seiner elf- bis sechzehnjährigen Söhne. Verlegen aber machte mich die Vorstellung, daß etwas, was den Großmüttern recht ist, Außenstehenden billig erscheinen könnte, und auch dies: wen geht's eigentlich etwas an?

Natürlich ist dieses Buch hier nicht mehr das Original. Die Fotos waren zu laienhaft, so daß nur einige wenige aus zweihundert hier vorkommen. Manches, was Wanderer interessieren könnte, die auf unserem Wege nachziehen wollen, haben wir aus der Erinnerung ergänzt. Anderes, was für Großmütter von höchstem Interesse ist, wie die detaillierten Schilderungen dessen, was und wieviel jeder am Abend gegessen und getrunken hat, haben wir für die Öffentlichkeit aufs kürzeste reduziert. Mancher mag das zu Recht bedauern, denn diese Seite des Wanderns ist ja keineswegs die geringste. Doch sind auf jenem Gebiet die Geschmäcker der Wanderer ebenso verschieden, wie die Speisezettel der Hüttenwirte einheitlich sind. Auch hat mich mein jüngster Sohn Peter (11) nicht ermächtigt, alle Gedichte zu publizieren, die er während der Wanderung geschrieben und uns zum Auswendiglernen aufgegeben hat. Ich bedaure dies aus Liebe zur deutschen Literatur. Die Zeichnungen schließlich hat der Verlag aus drucktechnischen Gründen etwas überarbeiten lassen.

Geblieben ist trotzdem das meiste. Wie man seine Schrift nicht unkenntlich machen kann, so auch nicht die eigene Sprache und eigene Liebe. Das Büchlein soll das naive Bekenntnis sein einer Liebe zum Wandern, zur Natur, zum kleinen Abenteuer, das auf keines anderen Kosten und doch sehr nachhaltig erlebt wird.

Ihr L. R.

Rechts: Der Ötscher, ein beherrschender Berg des Voralpenlandes.
Folgende Seite: Das Gipfelkreuz auf dem Hochschwab, dem höchsten Punkt des Wanderwegs.

Einleitung

Wie es dazu gekommen ist? – Nein, es kam nicht von ungefähr. Begonnen hatte es vor sieben Jahren vor einem Bauernhaus am Chiemsee, wo wir im Urlaub waren. Mein von mir ebenso vernachlässigter wie geliebter Zweitakt-Blechgaul (der letzte seines Stammes, denn man baute ihn schon nicht mehr) röchelte, ruckte und zuckte noch ein wenig, dann stand er für immer. Seine Herzpumpe war irreparabel dahin. Als mir kurz darauf ein Händler für einen neuen Superwagen neben manchem Rabatt ein Jahr Wartezeit zumutete, sagte ich voller Arroganz und Umweltedelmut: ich brauche gar kein Auto. Die vier Kinder schauten mich mit dem Unglauben an, mit dem sie ausgefallene Pläne Erwachsener zu quittieren gewohnt sind, meine Frau schien erfreut, ich selbst glaubte mir nicht ganz, meine Wut hatte es mir eingeredet. Aber siehe da – es ging.

Allerdings war die Tugend nicht vollkommen, denn ich nahm fast jedes Wochenende einen Leihwagen – und im Urlaub natürlich auch. Gespart war also eigentlich nichts – außer jener Nervenstrapaze vom Vororthaus zum Stadtbüro und zurück. Immerhin war ich darüber hinaus ein moderner Heiliger der Auto-Askese. Kein fanatischer, aber ein zeitgemäßer, denn die Scheiche halfen mit zum Aufleuchten meines ungewohnten Heiligenscheins. Die Ölkrise brachte autofreie Sonntage und lehrte zupackend den bis dahin so wenig beachteten Slogan »Nimm's Gas weg!«

Doch es währte nur einen Winter. Der Rückschlag kam mit der Wucht einer der Expansion bis zur Explosion verpflichteten Wirtschaft, die ein kurzes Leben im Überfluß höher stellt als ein längeres ärmeres. Mein Nimbus schmolz dahin wie der Frühlingsschnee. Ein komischer Heiliger – flüsterten die Freunde, oder mit jenem zarten Anflug von bairischem Mitgefühl: ein spinnerter Kauz. Manchmal kam ich mir selber vor wie einer der ewig Jugendbewegten, aus deren kurzen Hosen Stachelhaarspindelbeine staksen und die zu Volksliedern wie »Brüder, eine gute Nacht« Händchen halten und volkstanzen. Das Leben ohne Auto war also nicht Rebellion für eine bessere Zukunft, es war nach dem kurzen Öljammer ein schierer Anachronismus, ich war ein Wirtschaftsmuffel und damit Gemeinschaftsschädling.

Ich mußte einen Schritt weitergehen – und ich tat es wortwörtlich. Ich entdeckte meine Füße. Die Zeit kam mir zu Hilfe: Die Wandervogelbewegung der zwanziger Jahre war nie ganz tot; in der Hitlerjugend hatte man sie auf Wehrertüchtigung umfunktioniert. Es kam die gesunde Nachkriegszeit, wo die Städter das Land als Hamster durchwühlten. Dann wurde das Zelt in Verbindung von Motorrad und Volkswagen zum Massenartikel, und der amerikanische Einfluß taufte dieses neue Naturkinderfreiluftschlafen Camping. Nach den stürmischen Sechzigern schließlich, die das Asphaltwandern der Studenten als Kleinrevolutionssport brachten, folgte mit der Tendenzwende eine gewisse Rückkehr zur Wanderromantik der Jahrhundertwende. Nur was damals in nationalen Farben über Berge und durch Täler zog, machte es nun europäisch, genauer westeuropäisch, und das war ein wirklicher Fortschritt.

Weshalb Wandern und Nationalgefühl – insbesondere Deutschnationalgefühl – so eng miteinander verbunden waren, ist nachdenkenswert und für mich bis heute schwer verständlich. Sport und Nationalismus, Sport und Chauvinismus, gehören trotz aller olympischen Meineide zusammen, da geht es ums Siegen, da siegen Nationen, vor allem Zuchthausnationen, ob die des Hitler oder des Honnecker ist kaum ein Unterschied. Aber Wanderer sind friedlichere Menschen als hochgetrimmte Leistungssportler und ihre politischen Manager oder auch die augenblicksgereizten Fußballfans auf der Tribüne. Bei ihnen mag Heimatliebe eine gewisse Rolle spielen; das »Heimat, meine Berge« der Älpler oder das »Heimat, meine Heide« der Niedersachsen ist eine bisweilen vielleicht sogar pantheistische Naturschwärmerei, aber da gibt es keine Massen, schon gar keine Zuschauermassen. Wanderer sind eher anachronistisch. Auch wenn sie nicht mit der Zupfgeige herumziehen und »O Täler weit, o Höhen« singen oder aus vollem Kropf jodeln und alle Nichtwanderer mit ihrer gesunden Lebensweise krank machen, haben sie etwas Zivilisationsfeindliches. Es gibt Wanderer, die ziehen mit Silesius und Spee, mit Goethe und Hölderlin, mit Eichendorff und Mörike, mit Rilke und Weinheber durchs Land und entdecken für sich plötzlich die ganze deutsche Lyrik als eine Art Wanderlyrik. Sie ist es auch. Dieser Unterschied zur Lyrik der romanischen Völker, vor allem der Franzosen, ist schon öfter bemerkt worden. So sind Wandern und Deutschtümelei also nicht ganz zufällig miteinander verbunden gewesen. Wandern hat etwas von – typisch deutsch – Gemüthaftem, für das es nur noch in den slawischen Sprachen analog sinnliche Wörter gibt. Zugleich ist Wandern kein nationales Privateigentum. Es ist kein Zufall, daß die Lehrer der Menschheit – Homer und Sokrates, Buddha und Laotse, Jesus und Mohammed – Wanderer waren. Wandern ist die körperliche und seelische Bewegung, die uns das Eingespanntsein zwischen Geburt und Tod am stärksten bewußt macht – es ist eine Art Metaphysik der Füße.

Ebenso ist es kein Zufall, daß mit der neuen Romantik, die bei den Hippies ihren Anfang nahm und zur merkwürdigen Hermann-Hesse-Renaissance führte, auch die »Europäischen Wanderwege« auftauchen. Der eine reicht von Flensburg nach Genua, ein anderer vom Bodensee zur Adria, ein dritter vom Neusiedler See zu den Pyrenäen. Ein Dutzend sind es heute, zum Teil noch als Projekte. Auf diesen Wegen begegnet man keinem Auto und kaum einem Menschen. Sie demonstrieren, wie relativ der Begriff Übervölkerung auch in Westeuropa ist. Sie erinnern daran, wie seßhaft, auch autoseßhaft unsere Menschheit ist, seit sie sich von Nomaden- zu Kulturvölkern entwickelt hat.

1976 bin ich den vorhin angedeuteten Schritt zum erstenmal konsequent gegangen. Drei Sommerwochen lang wanderte ich mit meinen drei Buben einen dieser Wege, den EWW (d. h. Europäischen Wanderweg) Nr. 6 von Flensburg nach Rijeka, allerdings nur das Stück vom Nebelstein im Böhmerwald bis in die Gegend von Laibach in Slowenien – mit Tagebuch und Skizzenblock, mit Fotoapparat und Wegekarten und einem Taschenbändchen deutscher Gedichte. Was wir erlebt haben, erzählen die folgenden Seiten.

Daß ich vorher in bangen Nächten dachte, es würde sich für den wanderlaienhaften Vater bald als ein Ritt über den Bodensee erweisen, war unbegründet. Die Schwierigkeiten sind unvorhersehbar, aber rein praktischer Natur. Im Grunde genommen gehört zum Wandern weniger die Bürste für die Zähne als der Hirschtalg für die Fußsohlen, weniger der Ehrgeiz der schnellen Kilometer als die Selbstbeherrschung gegenüber Durst, Blasen und wehen Schultern, weniger das Glück der großen Zahl als der Mut zum Alleinsein. Die zivilisationsfremde Selbstsicherheit der Wanderer mag auch daher rühren, daß sie das wenige, was sie brauchen, auf dem Rücken tragen müssen und sogar können. Und täglich erfahren sie neu, wie wenig der Mensch braucht, auf wie vieles er ohne Not verzichten kann.

Allerdings sei schon hier vor einem Irrtum gewarnt.

Wandern ist keineswegs billig, denn es ist kein – noch kein – organisiertes Urlaubsgeschäft von Reisebüros und Fremdenverkehrsindustrie. Für etliche der europäischen Fernwanderwege gibt es Führer mit Plänen, Skizzen und Hinweisen auf Übernachtungsmöglichkeiten. Wir als Neulinge hatten uns zwanzigmal vorangemeldet, doch waren unsere Karten zum Teil gar nicht zur Kenntnis genommen worden aus jener Mischung von Hüttenanalphabetismus und dem Wissen der Wirtinnen, daß doch eh immer Platz genug vorhanden ist. Ob es so bleibt – ich glaube es trotz aller neuen Modewanderlust.

Gewiß: was seit zwanzig Jahren Camping und Wasserschi und was in jüngster Zeit Windsurfing und Skateboard sind – neue sportliche Moden mit großen industriellen Entwicklungsmöglichkeiten –, das ist nun auch das Wandern. Die Bergsteiger- und Wandererabteilungen der Sportwarenhäuser feiern Hochsaison wie nie zuvor. Wieviel davon mag schon beim Kauf eine »Après-Wander-Ausrüstung« sein trotz aller bei der Bezahlung vorhandenen guten Vorsätze? Obwohl mancher unseren Sechshundert-Kilometer-Weg bewunderte, war doch meist das abschließende Resümee: Nichts für mich, da brauchte ich ja nachher noch einen Urlaub, um mich vom Urlaub zu erholen. Und so scheint mir die Sorge unbegründet, man könnte auf den Wanderwegen jemals jene Kolonnen antreffen, die auf den Autobahnen Gewohnheit sind. Wo Wandern zum Massensport organisiert wird – wie bei den Wandertagen einer geschickten Boulevardzeitung oder einer rührigen Gemeindeverwaltung »mit Stempel und Urkunde« –, da mag es für ein Wochenende zu Olympiaden des kleinen Mannes wohl kommen. Doch schon zweihundert Meter abseits von solchen Augenblicksheerstraßen ist man allein mit sich und Fink und Has und Kindern. Denn Wandern ist und wird kein Massenerlebnis wie Fußballzuschauen oder Auto fahren. Und wo es zum Volkssport gemacht wird, ist es kein Wandern mehr. Die Freuden des Wanderers sind dabei – scheint mir – größer als der höchste Sieg der eigenen Fußballmannschaft oder das raffiniert geglückte Überholmanöver eines Volkswagens gegen ein Managerauto. Diese Freuden heißen: müde und kaputte Füße, schlechtes Quartier, viel Durst, gesunder Schlaf, in dem man sehr viel Traumarbeit leistet als Fortsetzung jener im Alltag ungewohnten Bewegung der Sinneseindrücke. Wandern ist wie ein Film, bei dem man Schauspieler und Zuschauer zugleich ist.

Und weiter von Tag zu Tag – mit einem Ziel und tausend Unwägbarkeiten. Und am Morgen regnet es. Und man findet die Luft deshalb besonders frisch und gut. Es gibt für den Wanderer kein schlechtes, es gibt für ihn nur verschiedenes Wetter, trockenes, nasses, heißes, kaltes, sonniges, nebliges. Auch im Sommer kann es schneien – ein Augusttag – das Buch erzählt davon – hat es uns gelehrt. Was tut's? Man fragt den Bauern am Wegrand, ob es weiterregnen wird. Der nickt. Doch man bleibt deshalb nicht nur innerlich, sondern auch auf der Haut trocken, wie sich das für einen richtig ausgerüsteten Wanderer versteht.

Dieses Buch mit all seiner Philosophiererei, die ich an den Anfang unseres Berichts gestellt habe, will Sie zum Wandern verlocken. Nicht zu viele von Ihnen allerdings. Ich hatte im Koralpenhaus unter dem harten Wetterwechsel (davon mehr unter dem 21. August) einen Alptraum: Durch die übermächtig gewordene Lobby der europäischen Wandervögel und der sich ihrer bemächtigt habenden Ornithologen der Wanderausrüstungsindustrie war es auf den europäischen Fernwanderwegen zu jenen Kolonnen gekommen, wie sie bisher an Sonntagabenden auf den Autobahnen existierten. Als ich die Rucksacksportler mit den – ob jung oder alt – gleichen Leiste-was-biste-was-Gesichtern hatte an mir vorbeiziehen lassen, kaufte ich mir einen nagelneuen Superwagen und raste auf der leeren Autobahn dahin, bis mich der Wecker eines Frühaufstehers in unserem Zwölfbettlager von den weiteren Folgen erlöste . . .

Dazu wird es nicht kommen. Das läßt die Zeit nicht zu. Das Wandern ist bei aller Trimm-dich-fit-, Bleibschlank-, Iß-gesund-Propaganda keine rechte Verlockung für die sogenannten vernünftigen, für die normalen Menschen. Meine Tochter (15), die uns bei dieser Wanderung eine Woche begleiten wollte und doch nur vier Tage mitging, hat es dem Vater unmißverständlich gesagt: »Da lauft ihr wie Maschinen, einen Schritt vor den anderen, seht überhaupt nichts, am Abend seid ihr hundemüde . . .« Ich glaube, daß ihre Stimme der demokratischen Mehrheit des »deutschen Wandervolkes« eher entspricht als das, was wir im folgenden zu berichten haben. Fit, schlank, gesund bleiben, das kann man auf manche Weise. Dieses »wandern, wandern«, dieses »allein, allein«, dieses »unterwegs sein im Denken, Nachdenken, Vorausdenken« hängt damit nicht unmittelbar zusammen. Hinter ihm steckt eine andere tiefere Weisheit als Körperpflege. Ein Freund, ein Philosoph, wollte nicht einsehen, weshalb ich mir eine freiwillig wandernde Menschheit der Zukunft nicht vorstellen kann. Ich erinnerte ihn an das uralte biblische »Du mußt dein Leben ändern«. Es stammt von einem Wanderprediger. Wer hat es befolgt? Immer nur wenige. Und so mag es mit dem Wandern sein, diesem langen Weg in die Welt, durch die Welt und aus der »Welt«.

Vorbereitungen aus der Sicht des Vaters

Die praktischen Dinge wird Christian ausführlich beschreiben. Sie lassen sich durch Wanderratgeber leicht noch ergänzen. Aber da kommt – zumindest für Väter – etwas dazu, das von ihnen eine neue Phantasie verlangt. Nachher, wenn alles gutgegangen ist, scheint es kaum mehr der Rede wert. Aber jede Expedition – und mag sie noch so klein wie diese sein – beginnt mit einem »Vorher«.

Früher war das bei uns so: das Auto vollstopfen mit allem Kram für alle Fälle – und hat man was vergessen, ist's auch nicht so schlimm, die D-Mark zahlt –, das Quartier besorgen an der Adria oder Costa Brava, ein paar Zwischenstationen überlegen, Kulturreiseführer mitnehmen, damit die Kinder europäisches Bildungsgut sehen, auch wenn es sie langweilt, dann Reiselektüre fürs Schmoren und Dösen in der Bräunsonne ... das alles wußte ich auswendig.

Aber diesmal: nur einen Rucksack mal vier, und jede Nacht anderswo, und das einen Monat lang, und in Slowenien, in Dalmatien, als Rucksacktourist in Venedig. Dabei eigentlich sehr verwöhnt durch die tägliche Routine der Zivilisation: Angestellter einer Rundfunkanstalt, und ausgerechnet »Nachtstudio«, also selbst für gutwillige Hörer eher Verbreiter grauer Theorie als Züchter grüner Lebensbäume.

Auch Eltern, die ihre eigenen Nachkommen für lauter Genies halten, werden dabei oft nicht gewahr, wie geschickt Kinder im Praktischen sind. Ein Plan wie der unsere beflügelt ihre Phantasie, er weckt aber zugleich den Sinn für das Notwendige und Brauchbare – kurzum, die Söhne waren in ihrer Begeisterung bei den Vorbereitungen höchst realistische und nützliche Helfer.

Dann kamen die Schulfreunde und wollten mit – und ich mußte ihnen sagen, daß ich kein Pfadfinderführer sei für eine Wanderung, von der ich selbst noch keine rechte Vorstellung hatte. Und außerdem könnten ihre Eltern doch selber ... Bei diesem Einwand merkte ich gleichzeitig, daß ein solches Unternehmen nicht ohne Gefahren sein müsse, denn sonst hätten es andere auch öfter schon geplant oder getan. Neugier und jene damit verbundene Sorge wuchsen so von Tag zu Tag, aber auch Neugier und die damit verbundene Vorfreude.

Tagebuch und Skizzenblock – darauf wollten wir besonders achten. Ich habe seit meiner Kinderzeit am Abend »den Tag aufgeschrieben« (wie ich das damals nannte), und Christian ist meinem Beispiel darin gefolgt. Das ist ein bißchen Ordnunghalten mit der eigenen Lebenszeit, vor allem solchen (wie mir) zu empfehlen, die im genauen Sinn nicht gar so ordentlich sind. Außerdem ist es eine Art zweites Gedächtnis. Es gibt wohl Gedächtnisse, die uns verblüffen, aber ich habe trotzdem kleine Zweifel, ob sie so ganz exakt arbeiten. Wenn ich oder meine Kinder heute ohne Hilfe der Tagebücher berichten würden, wäre es zumindest ebensoviel Dichtung wie Wahrheit, denn die Erinnerung führt gern zur Dramatisierung.

Auch der Skizzenblock ist eine Art zweites Gedächtnis und mehr noch eine Art Brille, Vergrößerungsglas. Wenn man ein Gebäude, eine Landschaft auf ihm festhalten muß, bemerkt man nicht nur viele Einzelheiten, erkennt genauer die Proportionen und Perspektiven, sondern sieht noch nach vielen Jahren im Abbild das Bild deutlicher als auf dem Foto, das man vom gleichen Objekt gemacht hat.

Solche Überlegungen mochten mich und mögen manchen anderen zum Wagnis einer Wanderung von Tag zu Tag ermutigen, der sich mit der Routine unseres komfortablen Alltags nicht auch noch für den Urlaub abfinden will. So war der Abschied von München zur Wanderung für mich wie das Abschütteln von Fesseln, die ich bewußt gar nicht als lästig empfunden hatte; es war wie ein Zu-mir-selbst-Finden, das ich mir wiederum nicht so sehr für mich selbst gewünscht hatte, sondern mehr als Weg, um mit den eigenen Kindern ins Gespräch zu kommen, was schon längst nicht mehr tägliche Selbstverständlichkeit ist und oft gar nicht sein kann.

Was man als Stadtmensch neu erlebt, ist die Wiederentdeckung des eigenen Körpers. Das erlebt man freilich nur dann, wenn dieser Körper bis zu den Grenzen seiner Leistungsfähigkeit versucht wird. Man erlebt ein neues Verhältnis zur Natur, indem man ihre prinzipielle Menschenfeindlichkeit, richtiger Menschengleichgültigkeit, erkennt und anerkennt. Man erlebt ein neues Verhältnis zum Mitmenschen, weil er nicht als Konkurrent, Neider, potentieller Feind auftritt, sondern als (meist) mitschweigender Partner einer größeren Welt, an der jeder gleichen Anteil haben kann. Man erlebt schließlich Gott oder wie immer man das nennen will, was man angesichts der eigenen Kleinheit erfühlt.

Den Menschenkindern, die man in die Welt gesetzt hat und für die man deshalb auf besondere Weise verantwortlich ist, kann man – so scheint mir immer wieder – nicht allzu viele Dinge vermitteln; darunter mögen sein: Anregung der Phantasie im Anblick von Natur und Kultur, Anregung zur Nachahmung und Versuch des Selbstausdrucks. Also zogen wir los mit Tagebüchern, Skizzenblocks und einer Anthologie deutscher Lyrik. So vorbereitet, hatte auch der Vater bei Beginn der Reise schließlich mehr Hoffnung als Sorge . . .

Vorbereitungen aus der Sicht des Sohnes

Auf die Existenz europäischer Fernwanderwege stießen wir eigentlich durch einen Zufall. Wir waren in den Osterferien bei Verwandten im Bayerischen Wald und machten dort fast täglich kleinere oder größere Wanderausflüge. Dabei entdeckten wir auf einer bestimmten Strecke immer wieder kleine weiße Schilder am Wegrand mit der Aufschrift »Europäischer Fernwanderweg 6 Ostsee – Wachau – Adria«. Diese Markierungen brachten uns auf die Idee, in den Sommerferien selber eine solche Fernwanderung zu unternehmen. Zunächst dachten wir daran, von Spiegelhütte, unserem Wohnsitz im Bayerischen Wald, bis nach Rijeka, bis zur Adria zu gehen.

Wir sind eine ziemlich sportbegeisterte und naturliebende Familie, und mit einer Ausnahme wandert auch jeder gern. Der Papa, 52 Jahre alt, ist schon seit jeher der Motor der Familie, vor allem was Wandern, Urlaub und deutsche Lyrik betrifft. Die ganze Arbeitswoche über sitzt er hinter dem Schreibtisch, die freien Tage möchte er soweit wie möglich in der Natur zubringen, im Winter beim Skilanglauf, im Sommer in den Bergen. Wir drei Buben – Christian, damals 16, Michael 12 und Peter 11 Jahre – begleiten ihn dabei gerne, obwohl wir einen solchen Ausgleich nicht so unbedingt nötig hätten, denn fast jede freie Minute verbringen wir mit Sport im Freien, beim Fußball- oder Hockeyspielen oder bei Leichtathletik mit Langstreckenläufen – je länger, desto lieber.

Die Ausnahme bildet die Dame, unsere Schwester Maria, damals 15 Jahre alt, die zwar nicht unsportlich ist, vom Wandern aber so gut wie gar nichts hält und es schlicht als langweilig bezeichnet.

Um unseren Plan verwirklichen zu können, erkundigten wir uns nach den Organisatoren der Europäischen Fernwanderwege, und bald wußten wir, daß die Zentrale in Stuttgart sitzt. Von dort wurde uns geraten, wir sollten uns nicht zu viel vornehmen und uns nur auf den österreichischen Nord-Süd-Weitwanderweg (NSWW) – das sind immerhin 500 Kilometer – und vielleicht anschließend auf ein paar Wandertage in Slowenien beschränken. Schließlich erhielten wir von Herrn Carl Herrmann, dem Leiter und Gründer des NSWW, aus Gmünd in Niederösterreich drei grüne Wanderführer zugeschickt. Diese bestehen aus drei Teilen: dem Führer durch Niederösterreich, dem durch die Steiermark und dem »Stempelteil«, ein paar freien Seiten, die für Kontrollstempel vorgesehen sind, die man an den jeweils angegebenen Kontrollstellen erhält.

Wer alle 37 Stempel eingesammelt hat, erhält je nach der dafür benötigten Zeit eine Wandernadel in Gold, Silber oder Bronze. Die Fristen zur Erreichung dieser Auszeichnungen sind sehr großzügig angesetzt, für die Goldnadel beispielsweise darf man 14 Monate brauchen, das heißt: Unterbrechungen sind gestattet, man kann also eine Hälfte der Strecke im Herbst durchwandern, die andere im darauffolgenden Jahr. Das klingt trotzdem ein bißchen nach Rekordhascherei, und hier erscheint auch zum erstenmal das Wort »Zeit«; es wird auf den folgenden Seiten noch öfter auftauchen und vielleicht den Eindruck erwecken können, unsere Tour wäre so etwas wie ein »Wettlauf« gewesen. Das stimmt natürlich nicht; soweit es möglich war, haben wir uns Zeit gelassen und soviel wie möglich von dem mitzunehmen versucht, was sich an Schönem bot. Freilich kamen wir manchmal unter Druck, weil wir die einzelnen Tagesetappen fest vorgeplant und bei im Führer erwähnten Gasthöfen und Berghütten Quartier gebucht hatten. Dies allerdings wäre gar nicht notwendig gewesen, da ohnehin überall Betten frei waren, aber das konnten wir ja nicht ahnen. Jedenfalls hatten wir jeden

Tag ein festes Ziel, und der Vorteil war außerdem, daß man zu Hause wußte, wo wir wann sein würden.
Mit den von uns benutzten Wanderkarten kamen wir sehr gut zurecht, denn sie haben den Vorteil, daß unser »NSWW 05« eigens eingezeichnet ist. Es handelt sich um die Freytag & Berndt-Wanderkarten Nummer 11 (Waldviertel), 7 (Wachau), 3 (Ötscher, Mariazell), 4 (Hochschwab), 13 (Grazer Bergland) und 41 (Koralpe, Eibiswald). Wenn dennoch ziemlich häufig von Verlaufen und falschen oder gar keinen Wegen die Rede ist, so haben wir das ganz bewußt hervorgekehrt, damit in Zukunft auf allen Strecken aller Wanderwege noch größerer Wert auf genaue und lückenlose Markierung gelegt wird. Verschrecken wollten wir niemand!
Wegen des jugoslawischen Anschlußstückes hatten wir die Slowenische Wanderzentrale in Ljubljana angeschrieben, jedoch bekamen wir von dort den Bescheid, daß es von diesem Weg keinen Führer in deutscher Sprache mehr gäbe, und wir bekamen statt dessen eine ziemlich mangelhafte Broschüre über das für unsere Pläne uninteressante Triglav-Gebiet. Deshalb entschlossen wir uns, die Wegstrecke durch Jugoslawien einfach auf gut Glück anzugehen.
Der nächste Schritt unserer Vorbereitungen war das zweckmäßige Einkleiden. Wir kauften neue Wanderschuhe mit starkem Profil und besorgten vier Schlafsäcke. Man weiß ja nie, was auf einen zukommt, und jedenfalls würde es ganz angenehm sein, in den Matratzenlagern mancher Berghütten seine eigene Hülle dabeizuhaben. Dann schafften wir uns noch neue Rucksäcke und eine Thermosflasche an; die anderen notwendigen Dinge – Wollsocken, Wanderhosen, Pullover, Regenumhänge usw. – hatten wir schon.
Noch etwas zu unserer »Rucksackapotheke«: Neben den üblichen Verbandssachen – Heftpflaster, Mullbinden, Verbandsstreifen, Wundsalben – trugen wir ein ganzes Sortiment verschiedener Fußpflegemittel mit uns, auf die wir zum Teil durch allerlei Ratschläge aufmerksam gemacht wurden und die wir auf unserer Wanderung sehr zu schätzen lernten: Gehwol, Hirschtalg, Fußpuder, Franzbranntwein und Mobilat.
Unser Vorhaben rief durchaus nicht nur Beifall hervor: Unsere Schwester Maria zum Beispiel war nicht leicht zu überreden, wenigstens ab Leoben für sechs Tage mitzuwandern; man war skeptisch, ob der »kleine« Peter mit seinen elf Jahren diese »Strapaze« durchhalten würde und ob wir alle uns da nicht zu viel vorgenommen hätten. Jemand meinte, daß die Reinischs auch alles, was irgendwie mit Sport zusammenhängt, übertreiben müssen. Aber nicht wenige Freunde zeigten sich begeistert und wären am liebsten mitgewandert, was zwei von ihnen dann ein Stück weit auch machten, von Leoben aus, zusammen mit Maria.
Am 6. August 1976 starteten wir schließlich; es sollten die interessantesten, vielseitigsten, schönsten und auch erholsamsten Ferien werden, die wir bisher erlebt haben. Und keiner von uns hat irgendwann einmal schlappgemacht.

Das Tagebuch des Sohnes

1. Tag

Freitag, der 6. 8.

Dieser erste Tag gehört auch mit in die Schilderung der Wanderung hinein, auch wenn wir an ihm fast nur fahren, er ist dennoch Bestandteil des Unternehmens.

Um 11 Uhr 20 fährt unser Zug vom Hauptbahnhof in München ab, wir sitzen mit unseren vier 6 bis 8 Kilo schweren Rucksäcken in einem Einzelabteil und lassen uns durch die vertraute Chiemgauer Landschaft fahren. Hier waren wir bis vor vier Jahren regelmäßig in den Sommerferien, bei Prien, wir sehen »unseren« Bauernhof wieder, den Badestrand am See, und nicht zuletzt die Berge, in denen wir zu Wanderern geworden sind: der Geigelstein fällt als erster in unser Blickfeld, auf dem wir oft waren; mit seiner charakteristischen Kuppe hebt er sich aus der Gruppe der ihn umgebenden Berge heraus. Dahinter erscheint allmählich immer mehr vom Massiv des Wilden und des Zahmen Kaisers, deren imposante, von der Sonne angeleuchtete Felswände immer wieder beeindrucken. Schließlich erkennen wir noch den Rauschberg, einen mehr oder weniger einsam aufragenden Bergkegel, und den Untersberg bei Salzburg, zwei Berge, mit denen sich Erlebnisse aus früheren Jahren verbinden.

Um 13 Uhr 10 kommen wir in Salzburg an und haben anderthalb Stunden Zeit, um die Stadt wenigstens kurz zu besichtigen, denn um 14 Uhr 40 fährt der Anschlußzug nach Linz.

Die Rucksäcke geben wir ab, so können wir leichter gehen, und zwar zuerst durch kleinere Nebengassen und -straßen zur Salzach, an deren Uferpromenade entlang wir jetzt in Richtung Altstadt gehen, und von einer kleinen Böschung am Flußrand haben wir auf diese einen herrlichen Blick. Aus dem Dächermeer ragen die vielen Kirchen Salzburgs, der frühbarocke Dom mit seinen beiden Türmen und der großen Kuppel, die Kollegien- und die Franziskanerkirche. Dahinter erhebt sich der grün bewachsene, schroff zum Fluß abfallende Festungsberg mit der Feste Hohensalzburg. In der anderen Richtung schließen der Kapuziner- und der Mönchsberg die Stadt ein.

Auf der Salzachbrücke werden wir von einem ungeheueren Menschenstrom – meist Touristen – erfaßt, von dem wir uns in die Fußgänger-

Das Tagebuch des Vaters

Nebelstein, 6. August

Die Nacht war kurz, ½1 bis 5, mit Schlafmittel. Michael war noch vor fünf Tagen im Krankenhaus wegen Verdacht einer Blinddarmreizung. Der unpraktische Vater. Das Packen war immer Charlottes Sache. Sie fehlt uns seit einem Jahr an allen Ecken und Enden. Sonst war der erste Urlaubstag immer der schönste. Heute früh hatte ich ein bißchen Angst. Das Abschiednehmen von der Oma und Maria – eigentlich gut, daß sie nicht mitwollte,

zone der Innenstadt mittreiben lassen. Hier kann man beinahe Platzangst kriegen, wenn sich die vielen Menschen durch enge Gassen zwängen. Den Häusern blieben ihre historischen Fassaden erhalten, die das Stadtbild prägen; es gibt keine Betonklötze, die es stören.
Das Mozarthaus in der ebenfalls zur Fußgängerzone gehörenden Getreidegasse können wir nur von außen anschauen, zu groß ist der Besucherandrang, und außerdem wird uns die Zeit schon knapp. Sie reicht lediglich noch zu einem Blick in den Dom, dann müssen wir bereits ein Taxi zum Bahnhof nehmen.
Wir ergattern uns gerade noch Sitzplätze im überfüllten Zug, der uns in eineinhalb Stunden vorbei an der oberösterreichischen Seenplatte mit Mond-, Atter- und Traunsee, durch Vöcklabruck und Wels nach Linz bringt. Dort, in der nicht gerade sehenswerten Industriemetropole an der Donau, haben wir ein wenig Zeit, unseren Postbus in Richtung Gmünd zu suchen. Wir wollen ja unsere Tour streng nach den »Anordnungen« des Wanderführers am Nebelstein beginnen, einem Berg an der österreichisch-tschechischen Grenze. Der Bus fährt, nachdem er Linz verlassen hat, fast nur noch auf sehr verkehrsarmen Straßen, und nach einiger Zeit sind wir im Waldviertel, das seinen Namen wirklich zu Recht trägt. Während dieser Fahrt bekommen wir schon eine Vorstellung von der Landschaft, die wir in den nächsten Tagen durchwandern werden. Links und rechts von der Straße nur Wald, soweit das Auge reicht, fast nur Nadelwälder, die sich, immer wieder sanft ansteigend, auf kleinere Berge hinauf erstrecken.
Nach etwa einer Stunde kommen wir durch Freistadt, in dessen Ortskern eine mittelalterliche Stadtmauer mit Tor und Turm sehr gut erhalten ist. Nach zweistündiger Busfahrt durch das Waldgebirge steigen wir in Sankt Martin aus, und hier beginnt unser erstes Stück Fußmarsch, denn das Nebelsteinhaus wäre anders gar nicht zu erreichen.
Die Beschilderung ist eindeutig, der erste Teil des sechs Kilometer langen Weges führt auf einer geteerten Straße, bis wir nach einer Abzweigung über einen Feldweg in den Wald kommen. Nach den ersten paar Kilometern beginnen die Schuhe bereits deutlich spürbar zu reiben, wir hätten sie eben doch vorher »einlaufen« sollen. Der Weg weist keine Besonderheiten auf, er steigt zügig an. Während die Sonne am Anfang noch milde herabschien, färbt sie die wenigen Dunstwolken jetzt rosa, bald violett, bis sie kurze Zeit später ganz verschwunden ist. Allmählich wird es dann ganz dunkel, das letzte Stück verläuft ausschließlich in dichtem Wald, und kurz vor acht Uhr erreichen wir das Nebelsteinhaus.

sie hätte uns doch nur die Laune verdorben – machte mich nervös. Die gutgemeinten Wünsche und Ermahnungen. Das Winken, als der Zug losfuhr, war das beste, da war das Ende abzusehen. Die Zeitungen ließen wir in Salzburg ungelesen im Abteil zurück. Das ist wohl der eigentliche Anfang vom Urlaub: Abschied vom Tagesgeschehen. Im Chiemgau sahen wir die Bauernhäuser früherer Ferien, als die Kinder noch klein waren und sie noch lebte. Das geliebte Salzburg: entsetzlich, wie eine Massenversammlung, die sich hin und her schiebt. Auf der Fahrt nach Linz beginne ich mich freier zu fühlen, die Neugier wird größer als die Unruhe; so toll ist dieses Abenteuer ja auch wieder nicht, überall gibt's Leute und auch Apotheken und auch Notärzte. Komisch diese Alterserscheinung: immer an den Katastrophenfall zu denken. Von Linz nach St. Martin eine lange Busfahrt; aber keinem wurde schlecht, das ist ein gutes Zeichen. Dann auf den Nebelstein hinauf. Nur 6 Kilometer. Aber ich keuche wie ein alter Klepper. Ich hätte gestern nicht noch so lange bei Freunden sitzen oder – richtiger – nicht so viel dabei trinken sollen. So wird der Leithammel leicht das erste Schlachtopfer.
Ein bißchen erschrocken war ich vorhin schon, als wir bei Dunkelheit auf dem Nebelstein ankamen. Im Wanderführer hatte das alles viel komfortabler gewirkt. Das Klosett, na ja. Und unsere Stockwerkbetten. Der Wirt ist grantig. Drüben liegt Böhmen, die alte Heimat, dort bin ich als Kind gewandert, wehmütige Erinnerungen. Ein herber Rotwein, ein Stuttgarter Arzt mit zwei jungen Mädchen, die eine humpelt vor wehen Füßen. Morgen geht's uns vielleicht so? Der Arzt wirkt sehr filbingerisch und hält mich anfangs für einen Schreibtischterroristen. Platz ist in der ärmsten Hütte für ein recht politisch Herz!

Aber er ist das Jahr zuvor den NSWW gewandert und kann mir Ratschläge geben. An eine seiner Gynäkologenweisheiten sollten wir schon in wenigen Tagen erinnert werden: den Wanderern geht es wie den Wöchnerinnen nach der Entbindung, am dritten oder vierten Tag kommt die Depression. Die muß man durchstehen, nachher ist alles gut, vom Leib bis zur Seele. Ich hab's auch nicht eilig mit dem Schlafengehen . . . die Betten. Also noch Tagebuch schreiben. Das darf man nicht aufschieben, denn am nächsten Morgen sieht man die Welt von gestern bereits viel zu rosig. Gute Nacht, ihr drei Söhne, uns steht noch viel bevor.

In der Stube sitzen wir dann mit einem landes- und wanderkundigen Stuttgarter beisammen, der mit seinem »Bäsle« und seinem »Patenkindle« den Nordwaldkammweg durchwandert. Dieser freundliche Mann erzählt unter anderem, daß die Wege zuverlässig markiert seien, daß man sich also nicht leicht verlaufen könne, und daß die Strecke keine allzu großen Schwierigkeiten stelle. Im letzten Jahr sei er den ganzen NSWW allein gegangen, was ihm auch nicht schwergefallen sei, nur in den Alpen hätte er lieber noch jemanden bei sich gehabt. Schließlich gelangt er zu der Feststellung, daß am vierten Tag bei ihm ein Tiefpunkt, eine Art Formtief, eingetreten sei, und er gibt noch ein paar Tips, welche Wege besonders lohnend sind und welche weniger. Dabei läßt er uns wissen, daß er durch ein Stück des »unrentablen« Gebietes, und zwar hinter Melk, mit dem Bus gefahren sei, und er legt uns ans Herz, es ihm gleichzutun.

Die Nebelsteinhütte

2. Tag

Samstag, der 7. 8.

Nach dem Motto »Je früher wir aufstehen, um so mehr haben wir vom Tag« weckt uns der Papa um 5 Uhr 30. Wir haben zwar für heute zum Eingewöhnen nur eine kürzere Strecke geplant – in den nächsten Tagen werden wir allmählich steigern –, aber man geht in der Früh halt leichter, es ist noch nicht so heiß, und man gewinnt für den Nachmittag, wenn man müde geworden ist, die Möglichkeit zu ausgiebigem Rasten. Unser heutiges Ziel ist Liebenau in Oberösterreich; das sind 23 Kilometer zu gehen, in dem bergigen Gelände etwa sieben Stunden. Wir können uns also ein bißchen Zeit lassen, führen die Fußpflege ganz besonders gründlich durch und beeilen uns auch beim Frühstück keineswegs.

Um 7 Uhr brechen wir auf; zunächst aber gehen wir in die entgegengesetzte Richtung, denn wir wollen erst noch auf den Nebelsteingipfel und die dortige vom Herbergsvater angepriesene Aussicht genießen. Nach kurzer Zeit stehen wir unter einem Granitblock, an dem eine Holztreppe hinaufführt und auf dessen Spitze ein Kreuz steht. Oben angelangt, sind wir über den Bäumen; unter uns fallen die Wälder sanft in alle Himmelsrichtungen ab, im Norden nach Böhmen, im Süden zu unseren nächsten Marschzielen. Sehr weit sieht man heute nicht, dazu ist es zu diesig, auch wenn die Sonne scheint; bei guter Sicht soll man sogar bis zum Ötscher und zu den Mariazeller Bergen schauen können, bis zu den Bergen also, bei denen wir in einer knappen Woche sein werden. Man könnte meinen, das Eichendorff-Gedicht sei hier entstanden, das Papa vorträgt . . .

Jetzt beginnt endlich der erste »offizielle« Teil der Weitwanderung, durch lichten Wald bergab, ein Stück des gestrigen Weges. Und dann – als verheißungsvoller Auftakt – verlaufen wir uns auch gleich ein bißchen, nicht sehr, aber immerhin ist zu erkennen, daß Beschreibung und Markierung durchaus nicht idiotensicher sind und wir ganz schön aufpassen müssen. Nachdem wir also unseren Irrtum eingesehen haben und umgekehrt sind, geht es am Gedenkstein der vier Wanderwege vorbei, einem würfelförmigen Stein, auf dessen Querseiten in den verschiedenen Himmelsrichtungen die vier sich hier treffenden Wanderwege eingemeißelt sind. Mit einem davon, dem Nordwaldkammweg, der vom Dreisesselberg durch das Mühl- und Waldviertel zum Nebel-

Liebenau, 7. August

Heute ist es mit den Notizen nicht so spät geworden, 18 Uhr. Um fünf sind wir aufgestanden und haben vom Nebelstein hundert Meter über der Hütte hinübergeschaut ins Land meiner Väter, mit dem mich so viel verbindet. Der Stacheldraht ist so kriegerisch, er erinnert an die Dornenkrone. Mit Frühstück werden wir nicht verwöhnt, aber Wanderdekorationen des NSWW sollen wir kaufen. »So wie die Bayern für adidas werben«, kommentiert Christian. Ein bißchen Vereinsmeierei ist auch beim Wandern nicht vermeidlich, und der Verein braucht auch Geld, denn ihm – nicht dem Staat – verdanken wir die Markierungen über 500 Kilometer. Trotzdem bleiben wir als NSWW-Wanderer nicht erkennbar.

Daß wir gleich vom Start zwei Kilometer in die falsche Richtung gegangen sind, weist uns als Anfänger aus und darauf hin, daß das Wandern nicht ein Einfach-durch-die-Gegend-Laufen ist, sondern auch Kartenlesen, Markierungenfinden und Phantasie für die Landschaft verlangt. Eine Landschaft, finde ich, so recht nach Eichendorff. Die Wiesen, die Wälder, sanfte Hügel, der milde Morgen, so beginne ich meine Familienpädagogik in deutscher Lyrik für meine Söhne, die aus neupädagogischen Gründen nie ein Gedicht auswendig lernen mußten, mit Eichendorffs »Morgengebet«:

O wunderbares, tiefes Schweigen,
Wie einsam ists noch auf der Welt!
Die Wälder nur sich leise neigen,
Als ging der Herr durchs stille Feld.

Ich fühl mich recht wie neu geschaffen,
Wo ist die Sorge nun und Not?
Was mich noch gestern wollt erschlaffen,
Ich schäm mich des im Morgenrot.

Die Welt mit ihrem Gram und Glücke
Will ich, ein Pilger, frohbereit
Betreten nur wie eine Brücke
Zu Dir, Herr, übern Strom der Zeit.

Und buhlt mein Lied, auf Weltgunst
lauernd,
Um schnöden Sold der Eitelkeit:
Zerschlag mein Saitenspiel, und schauernd
Schweig ich vor Dir in Ewigkeit.

Es hat die Stimmung, unsere Stimmung (denn wir sind ja keine Pantheisten) getroffen. Die vierte Strophe prägte sich schwerer ein als die anderen. Vielleicht weil sie sein Gefühl vor irgendeinem kritischen Geist verteidigen möchte, der es als eitel denunziert. Am Unmittelbarsten haben die Kinder »Die Wünschelrute« empfunden:

Schläft ein Lied in allen Dingen,
Die da träumen fort und fort,
Und die Welt hebt an zu singen,
Triffst du nur das Zauberwort.

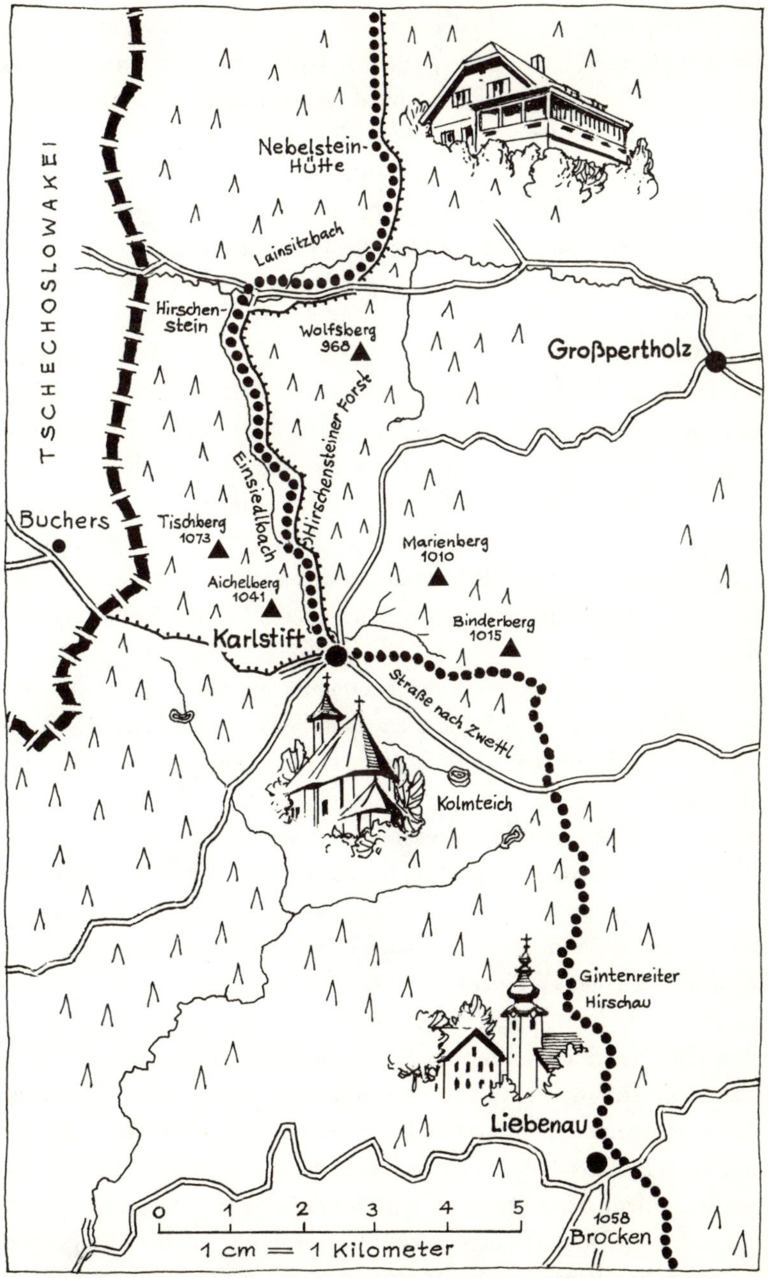

stein führt, läuft der NSWW jetzt ein Stück weit parallel. Auf unserem Weg über stille Waldpfade und üppige Wiesen kommen wir immer wieder zu besonders schönen Punkten, deren Namen wie

»Himmelreich« oder »Friedenstal« nicht nur auf die Ruhe und Unberührtheit dieser Landschaft schließen lassen, sondern auch auf die Mentalität der Einheimischen, mit denen wir bald in Kontakt kommen. Die Kinder hier sind so freundlich, wie man es bei uns kaum erleben kann, überall werden wir gegrüßt. Fragen wir einmal jemand nach dem Weg, so ist die Auskunft nicht immer leicht zu verstehen, aber man merkt, wie hilfsbereit die Menschen hier sind; es gab niemand, der uns auf unserer Wanderung durch das Waldviertel mißmutig gekommen wäre.

Das Waldviertel verdankt die Erhaltung seiner natürlichen Schönheit der fehlenden wirtschaftlichen Struktur, das Zeitalter der Industrialisierung scheint spurlos vorübergegangen zu sein – zum Glück, kann man sagen, denn so ist ein Gebiet bewahrt, das zu mehr als 50 Prozent seiner Fläche mit Wald bedeckt ist. Daß die wenige hier angesiedelte Industrie sich nicht halten konnte, das sehen wir an einem ehemaligen Glaswerk in Althütten und etwas später an einem aufgelassenen Eisenwerk an der Lainsitz, dem angeblich einzigen Fluß Österreichs, der nach Norden fließt.

Inzwischen ist die Sonne hinter einer dichten grauen Wolkenbank verschwunden, ein frischer Wind weht über die Wiesen. Ein ideales Wanderwetter, bei dem man nicht so schnell Durst bekommt, bei dem man aber auch nicht naß wird.

Von dem kleinen Dorf Hirschenstein an gehen wir auf einer Privatfahrstraße den langsam dahinfließenden klaren Einsiedlbach entlang. Bis Karlstift kommen wir nicht mehr durch Wald; die Ufer des Baches sind mit weiten Wiesen gesäumt, manchmal stehen oder liegen ein paar Kühe hinter einem Weidenzaun und sehen uns treuherzig und wiederkäuend nach. Es ist überaus still hier, die einzigen Geräusche sind das Rauschen des Baches oder des Windes in den vereinzelt dastehenden Laubbäumen, unsere Schritte; manchmal ertönt das Lied eines Vogels.

Karlstift, durch das wir gestern bereits mit dem Bus gefahren sind, erreichen wir ungefähr um 11 Uhr. Nach dem Gasthaus suchen wir erst gar nicht, denn den Kontrollstempel für diese Station haben wir bereits auf dem Nebelstein erhalten mit der Begründung, daß der hiesige Wirt »nicht mehr mitmacht«. Außerdem haben wir etwas zum Essen mitgeschleppt, was wir natürlich zu unserer »Erleichterung« aufessen wollen. Karlstift wirkt wie ausgestorben. Lediglich am Ortseingang spielen ein paar Kinder, einmal schaut uns hinter der Fensterscheibe ein altes Mutterl neugierig nach.

Gleich am Ortsende – eine Markierung war nicht zu sehen – verpassen wir die Abzweigung eines kleinen Weges nach links, auf dem wir über

Auch die »Mondnacht« – Es war, als hätt der Himmel die Erde still geküßt . . . – haben wir memoriert –, und ich glaube nicht, daß die Buben nur mir zuliebe mitgemacht haben. Es mag kindisch klingen, aber ich habe mit den Gedichten, die ich auswendig konnte, im russischen Winter (Weihnachten 1943) für ziemlich rauhe Landser eine Art Heilige Nacht gemacht.

Mit und ohne Eichendorff – das ungewohnte Wandern vielstundenlang und am Schluß gar auf einer kleinen Asphaltstraße, weil wir eine Markierung überse-

Die Kirche in Karlstift

hen hatten, ist schon eine rechte Strapaze. Plötzlich werden alle stumm. Vier, fünf Kilometer – Liebenau liegt schon vor unseren Augen – fange ich heimlich an, die Schritte zu zählen. Das lenkt ab. 750 Doppelschritte für einen Kilometer. Ich weiß, daß das zu meinen Gunsten geschwindelt ist, 600 würden stimmen, auch so ein Trick fürs Durchhalten. In solchen Augenblicken fällt mir Maria ein, die uns sture Kilometerfresser nannte. Oder der Adriastrand, wo die Verwandtschaft in der Sonne schmort. Masochismus? Selbstzucht? Und doch merkt man

den 1015 Meter hohen Binderberg und vorbei an einem anderen angeblich markanten Aussichtspunkt hätten weitergehen sollen. So aber bleiben wir auf der Landstraße in Richtung Zwettl. Kilometermäßig sparen wir zwar einiges ein, aber dafür spüren wir schon bald, wie sehr das Auf-Asphalt-Gehen, auch bergab, ermüdet; außerdem haben wir auf diese Weise sicherlich ein Stück schöner und sauberer Natur versäumt, während auf unserer Straße zwar nicht viele Autos, aber dafür einige mit sehr hoher Geschwindigkeit vorbeiflitzen und uns mit einem ziemlich penetranten Benzingestank beglücken. Die beiden Kleinen – Michael und Peter werden als die Familienjüngsten dieses Attribut wohl nicht mehr los, auch wenn sie eigentlich gar nicht mehr so klein sind – haben auf dieser Strecke eine richtige Blödelstimmung, kommen aus dem Lachen gar nicht mehr heraus und rufen jedem der vorbeirasenden Autos »Haß« oder »Umweltverschmutzer« nach.

Weil wir die Straße so schnell wie möglich hinter uns haben möchten (wir wissen, daß der Wanderweg sie bald wieder überqueren wird), gehen wir ziemlich schnell, was sicher auch dazu beiträgt, daß wir zwei Stunden gewinnen.

Das ganze Gebiet ist ziemlich sumpfig und moorig, das lassen nicht nur die verschiedenen kleinen Weiher und Tümpel erkennen, die in der Karte eingezeichnet sind und von denen wir in der Tiefe nur den Kolmteich liegen sehen. Der Weg, in den wir von der Straße abgebogen sind, wird eine Zeitlang von einer kanalartigen, trüben Wasserpfütze begleitet, in der sich allerhand Kleingetier, Wasserläufer, Kaulquappen, tummelt. Die Wegränder werden von Schachtelhalmen und anderen Sumpfgräsern überwuchert, zwischen den Bäumen breiten sich Moosteppiche, aus denen das Wasser hervorquillt, wenn man hineintritt. Und Mücken gibt es hier natürlich auch sehr viele, die uns beinahe auffressen.

Der Weg führt durch diesen Sumpfwald, bis wir auf eine hügelige Wiese treten, auf der fast gleichmäßig verstreut Unmengen von verschieden großen Granitblöcken liegen. Diese Brocken sind aber nur ein Bruchteil von dem, was sich unter der dünnen Humusschicht verbirgt. Die Bauern haben es bestimmt nicht leicht hier, nicht nur deshalb, weil die Pflanzen wegen der harten Gesteinsschicht nicht tief wurzeln können. Der Boden ist zudem sauer und das Klima ziemlich unwirtlich.

Ein kurzes Stück weiter steht am Wegrand einer dieser Felsen, mit Inschrift versehen und nur an ein paar Stellen etwas behauen: einer der wenigen noch vorhandenen alten Grenzsteine zwischen Ober- und Niederösterreich.

Bald sehen wir die ersten Häuser von Liebenau; in einem Hof versuchen zwei Frauen vergeblich, ein entsprungenes und durchdringend quietschendes Schwein wieder einzufangen. Es ist komisch, wie das fette Vieh herumgaloppiert und die beiden Frauen immer konfuser schreien und nicht wissen, was sie machen sollen.
Um halb zwei Uhr schon sind wir im Gasthof Neulinger, nach nur fünf Stunden tatsächlicher Gehzeit, das sind also zwei Stunden weniger als im Wanderführer angegeben. Wir belohnen uns den Nachmittag über mit Faulsein; erst einmal wird gegessen, dann gründlich ausgeruht, und schließlich kommt die Körper- und besonders die Fußpflege dran. Wir spüren diesen ersten Tag doch ganz schön in Knochen und Muskeln, auch das Reiben des Schuhwerks und der Rucksackriemen hat seine Spuren hinterlassen. Aber das sind nur kleine Fische, mit dem täglichen Training wird sich das alles sehr schnell bessern.
Gegen Abend bummeln wir durch Liebenau. Die Marktgemeinde im Bezirk Freistadt in Oberösterreich liegt 967 Meter über dem Meeresspiegel und damit nur knapp 60 Meter tiefer als der Nebelsteingipfel. Rund ein Drittel der Häuser des Ortes sind Gasthäuser oder Erholungsheime, der Rest vorwiegend Bauernhöfe. Viele Fremde aus Deutschland und aus anderen Teilen Österreichs sind zur Erholung hier in diesem ruhigen Ort mitten im Grünen, man merkt das an den Autokennzeichen.
Knapp einen Kilometer auf einem Feldweg nach Süden kommen wir zum Brocken, einem Felskegel mit Wetterstation und – leider geschlossener – Aussichtswarte. Der Gipfel erhebt sich hundert Meter über dem Ort, seine Hänge sind bewaldet und dicht bewachsen mit Himbeersträuchern. Nach einer kleinen Kletterei am Felsen und am Zaun der Warte – für Michi und Peter ist das hier ein ideales Spielgelände, sie toben sich eine Zeitlang richtig aus, als ob sie das beim Wandern noch nicht getan hätten – suchen wir uns einen Platz mit freier Sicht auf den Ort, der jetzt aus lauter Spielzeughäusern zu bestehen scheint. Ziemlich genau aus dem Zentrum des ellipsenförmig angeordneten Dorfes ragt der Kirchturm mit seiner Zwiebelkuppel heraus. Es ist schön, im hereinbrechenden Abend hier zu sitzen und ein bißchen zu zeichnen.

nachher, daß auch hinter den dicksten Schweißperlen die Landschaft in einen hineingewandert ist, wie es ein Autofahrer nicht erfährt, nicht einmal ein Radfahrer. Am Ziel dann kaputt und stolz, stolz sogar auf den Wanderkontrollstempel. Diesmal sind die Betten weich, und die Wirtin ist freundlich. Ich schneide mir gleich die Blasen auf und lege mich am Spätnachmittag etwas hin, während die Kinder einen alten Bismarckturm zeichnen und die gotische Kirche und ein Denkmal, das an die Hussiten- und Schwedenstürme und an 1908, das 60. Regierungsjubiläum vom guten Kaiser Franz Pepsch erinnert, wie wir den Joseph in Nordböhmen nannten. Dieses friedliche Liebenau zwischen Mühlviertel und Waldviertel, zwischen Ober- und Niederösterreich, hat den Namen zu Recht. So recht für meine alten Tage, wo mir die Pilze und Beeren in den Mund wachsen sollen. Heute haben sie mir die Kinder noch gepflückt und in den Gasthof gebracht. Wir gehen früh schlafen. Morgen wird's hart.

Das Waldviertel bei Arbesbach (oben) und bei Traunstein (unten)

3. Tag

Sonntag, der 8. 8.

Wir stehen um 5 Uhr auf; die Sonne lacht freundlich und warm vom fast wolkenlosen Himmel in unser Dreibettzimmer. Da es so früh natürlich noch kein Frühstück gibt, stärken wir uns wenigstens mit ein paar Stück Traubenzucker für den ersten Teil der heutigen Wanderung, der uns in gut vier Stunden ins 15 Kilometer entfernte Arbesbach führen soll.

Den Gasthof verlassen wir durch ein Hintertürchen, das extra für uns über Nacht offengelassen wurde. Alles ist noch ganz still, die Luft frisch von der eben gewichenen Nacht, auf den Wiesen liegt der Tau, und die Sonne scheint noch ziemlich milde. Wenn man früh aufsteht, wird der ganze Tag länger, man erlebt ihn von Anfang an, zu einem Zeitpunkt, wo die Welt noch so richtig »in Ordnung« ist.

Wir gehen zuerst nach Süden durch nun schon ausgedehntere Kornfelder, und dann auch immer wieder durch Waldstücke. Drei Rehe, die Mutter wohl mit ihren Jungen, die in einem der Felder ihren Schlaf gehalten haben, schrecken bei unserem Nahen auf, galoppieren über den Weg und verschwinden im Wald.

Bis jetzt können wir mit der Markierung zufrieden sein, die rot-weiß-roten Streifen erscheinen regelmäßig und auch deutlich sichtbar, gelegentlich gibt uns das Schild mit der Wegnummer 605 die Sicherheit, daß wir wirklich auf dem richtigen Weg sind, der schließlich eine Wendung um über 90 Grad macht, so daß wir in nordöstlicher Richtung praktisch ein Stück zurückmarschieren müssen. Bald kommen wir zu einer Fahrstraße, auf deren Asphalt wir – nun wieder in Richtung Süden – durch einen ruhigen und dichten Nadelwald zum Rübnerteich wandern. In dem tiefblauen Wasser dieses kleinen Waldsees glitzert das Sonnenlicht, an allen Ufern stehen die Bäume nur wenige Meter vom Wasser entfernt. Ein Schild verkündet, daß das Baden hier verboten sei, vermutlich ist der See versumpft. Wie man aus der Karte ersehen kann, kommt der Zufluß des Rübnerteiches aus dem Tanner Moor, einem etwa einen Kilometer entfernten Hochmoor (938 m), dennoch sieht das Wasser sehr klar und sauber aus.

Auf der anderen Seite des Sees kommen wir an eine Weggabelung, an der wieder einmal keine Markierung zu sehen ist. Wir entschließen uns, den relativ bequemen Karrenweg dem Wiesenpfad vorzuziehen,

Traunstein, 8. August

Sonntag abend. Wie es war? – Gegen fünf schleichen wir aus dem schlafenden Gasthof. Vorher haben wir die Füße präpariert mit Hirschtalg, Gehwol, Talkum, Mobilat und diversen Pflastern auf diverse Blasen. Das ist die eigentliche Wandermorgenhygiene. Der wolkenlose Morgenhimmel verspricht einen heißen Tag. In der Ferne der Turm von Arbesbach, das erste Ziel. Er verschwindet immer wieder. Schließlich haben wir uns hoffnungslos verirrt. Wir suchen nicht mehr die Markierung, gehen nach der Karte. Zur Morgenandacht: Johann Scheffler, Angelus Silesius, der bald dreihundert Jahre tot ist. Da ist die ganze Zeitlosigkeit mystischen Glaubens. Die Verse aus dem »Cherubinischen Wandersmann« prägen sich schwerer ein als der glattere, sich einschmeichelnde Eichendorff. Eine andere Welt, noch viel Mittelalter, Meister Ekkehart, auch der Cusaner. Damals sind sie alle gewandert, der kleine dicke Thomas von Aquin und

Die Burgruine Hinterhaus über Spitz an der Donau

und marschieren nach links. Mit der Zeit wird der Weg immer schlechter, noch immer ist keine Markierung zu sehen. Aber wir gehen nicht mehr zurück, denn wir sehen von Zeit zu Zeit den Turm der Ruine von Arbesbach auf einem Hügel über den Baumkronen hervorlugen, also wissen wir, in welche Richtung wir uns halten müssen. Außerdem taucht bald in der Ferne ein kleiner Ort auf, eigentlich mehr eine Häusergruppe, auf die wir jetzt zusteuern. Dort erfahren wir von einem alten Bauern, der sich gerade auf den Weg zur Kirche macht, daß das Komau sei. Nun wissen wir, wo wir auf der Karte nach einem geeigneten Weg nach Arbesbach sehen können; es gibt nur eine einzige Möglichkeit, und das ist eine Landstraße, die zum Glück nicht sehr befahren ist und deren Kilometersteine uns ständig auf dem laufenden halten, wie weit es noch ist.

Die wenigen Kilometer bringen wir ziemlich schnell hinter uns, denn Peter, unser »Schwager Kronos« – frei nach Goethe so genannt, weil er als einziger ein Chronometer dabei hat –, stoppt die Zeit, die wir von einem Stein zum nächsten benötigen, und er spornt uns ständig an, neue Rekorde aufzustellen. Das mag zwar nicht so recht wandergemäß sein, aber Landstraßengehen macht nun mal wenig Spaß; man versucht, weniger schöne Strecken möglichst schnell hinter sich zu bringen.

Wir wissen aus der Karte, daß wir jetzt parallel zu unserem NSWW gehen, dieser aber zwei bis drei Kilometer weiter südlich verläuft. Außerdem entnehmen wir dem Führer, daß wir eigentlich auf einsamen Waldpfaden hätten wandern können und daß wir auf diese Weise eine sehenswerte alte Richtstätte mitten im Wald verpaßt haben, deren Galgen aus drei gemauerten Säulen besteht.

Noch vor halb zehn Uhr sind wir in Arbesbach, und nach dem Frühstück im Wirtshaus Klinger wollen wir einen kleinen Abstecher auf die Burgruine unternehmen, die wegen ihrer eigentümlichen Gestalt »Stockzahn des Waldviertels« genannt wird. Als wir über den Marktplatz gehen, ist gerade die Messe aus; in Trachten gekleidete Menschen strömen unter dem eingerüsteten Turm aus dem Kirchentor hervor. Die Männer – in dunklen Hosen und über den weißen Hemden Westen in Trachtenfarben oder auch dicke Jacken, viele mit Trachtenhüten auf dem Kopf – stehen pfeiferauchend beieinander oder gehen zielsicher gleich ins Wirtshaus, während die Frauen in ihren dunklen langen Kleidern die Kinder nach Hause bringen.

Um auf den Turm der Ruine zu gelangen, braucht man ein paar Minuten; zuerst muß man einen kleinen Burgberg und dann Stufen hinaufsteigen. Hier ist vor allem unser Ritter- und Burgenspezialist Michael ganz in seinem Element: Er stellt sich das Leben von damals sehr bild-

der noch kleinere schmale Franz von Assisi. Sie zogen durchs ganze Abendland, die Handwerksburschen und Söldner, die Scholaren und Magister und Mönche, nur die Ritter und Kaufleute »fuhren« mit ihren PS. Sie alle wußten, daß ihnen die Welt und Gott so näherkommen als in der Stube. Die Romantiker haben den »schlesischen Engel« wiederentdeckt und besonders geliebt. Christian und Michael erscheinen die Paradoxa des Angelus Silesius wie dialektische Denkspiele. Rilke hatte sie aufgegriffen und auch die moderne Theologie:

Nichts ist als Ich und Du: und wenn wir zwei nicht sein,
So ist Gott nicht mehr Gott, und fällt der Himmel ein.

Oder dieses wohl bekannteste:

Ich weiß, daß ohne mich Gott nie ein Nu kann leben,
Werd ich zunicht, er muß vor Not den Geist aufgeben.

Darüber läßt sich lang sinnieren. Peter erscheint das am verständlichsten:

Mensch, wirstu nicht ein Kind, so gehstu nimmer ein,
Wo Gottes Kinder seind: die Tür ist gar zu klein.

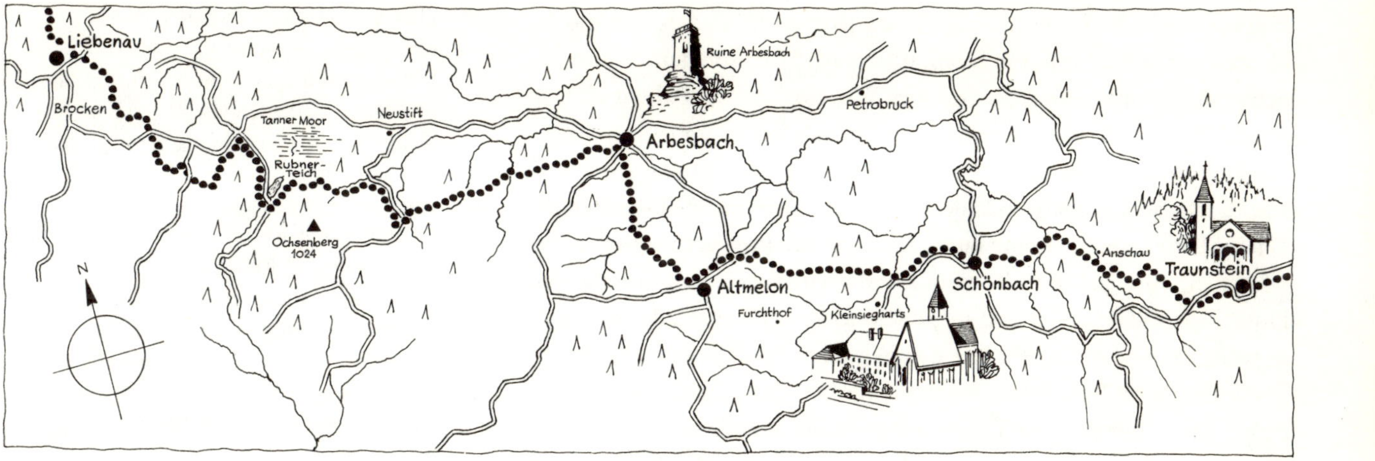

haft vor und erklärt es uns – von den ritterlichen Unterkünften ist allerdings leider kaum mehr etwas zu sehen.
Oben bekommen wir einen Plan, auf dem Orte, Berge und sonstige Besonderheiten der Landschaft verzeichnet sind. Die Sicht ist inzwischen nicht mehr so gut, dicke Wolkenfelder ziehen vorbei, am Horizont verschwimmen die Linien der grau erscheinenden Bergrücken im Schleier der Wolken. Bei guter Fernsicht soll man die teilweise über 100 Kilometer entfernten Berge des Dachsteins und des Hochschwabs erkennen können. Aber immerhin sehen wir wenigstens den Weg der letzten beiden Tage im Nordwesten hinter uns liegen: Nebelstein, Brocken, Liebenau und Komau – und in südlicher Richtung schauen wir voraus auf ein Stück des kommenden: Altmelon, Traunstein, den heutigen Zielort, den Jauerling, den wir morgen übersteigen werden.
In Altmelon halten wir uns nicht lange auf und werfen nur einen Blick in die alte romanische Kirche. Dann gehen wir weiter, zwischen zwei eng beieinanderstehenden Höfen hindurch auf eine staubige Schotterstraße, die offensichtlich in den allernächsten Tagen geteert werden soll.
Der Stuttgarter vom Nebelstein hatte sich in dieser Gegend verlaufen, er sagte uns sogar genau, worauf wir achten müßten; wir sind also vorgewarnt, auch wenn wir die Einzelheiten seines Hinweises nicht mehr so recht im Gedächtnis behalten haben. Trotzdem verlieren wir den markierten Weg wieder – mit der Beschilderung hapert es hier doch noch ziemlich häufig – und geraten diesmal bei einer elenden Mittagshitze zunächst in ein Hecken- und Dornengestrüpp, durch das wir uns mit Mühe den Weg bahnen. Dahinter finden wir auch keinen richtigen Weg mehr; bei genauem Hinschauen kann man eine alte zugewachsene

Wandern verführt leicht zu schwärmerischer Naturvergötzung. Davon ist beim »Cherubinischen Wandersmann« nichts zu spüren. Eher von einer raffinierten Dialektik.
Wir werden mit unseren Rucksäcken und Jeans an Fremdenverkehrsrummelplätzen wie Arbesbach anders behandelt als die Benzintouristen. Die Wirtin richtet uns Wurstbrote, obwohl sie um diese Zeit nur Getränke verkauft; der Turmwächter erklärt uns wie Fachleuten die Landschaft, und wir können sogar mitreden, weil wir die Landkarte im Kopf haben.

Wagenspur im Boden erkennen, der wir jetzt ein Stück folgen. Bald erblicken wir in der Ferne ein Dach, bald einen Hof, von dem wir uns einen Anhaltspunkt erhoffen. Auf dem Weg dorthin stapfen wir einfach durch Wiesen, Böschungen hinunter, durch hohes Gras und aufgeweichten oder morastigen Boden, in dem nicht nur einmal ein Schuh steckenbleibt. Ein klares Bächlein schlängelt sich murmelnd durch die Wiesen; wir legen hier eine kurze Rast ein und löschen mit dem erfrischenden, aber sicher nicht ganz keimfreien Wasser den brennenden Durst. So groß ist dieser und so gut schmeckt das Wasser, daß wir es literweise in uns hineingießen, indem wir einfach auf unsere allgemeine gesundheitliche Robustheit vertrauen. Auch der Michael denkt sich nichts dabei, der ein paar Tage vor Beginn der Wanderung eine leichte Darmgrippe hatte. Gerade er hätte heute wohl besser die Warnung des Angelus Silesius befolgt: »Nur in dem Ursprung ist das Wasser klar – trinkst du nicht aus dem Quell, so stehst du in Gefahr.« So aktuell können die Worte eines so alten Dichters sein ...

Nach der Rast am Bach steigen wir die Anhöhe zu dem Bauernhof hinauf. Die Nummer, Altmelon 23, hilft uns nicht weiter, im Gegenteil, sie irritiert. Aber bevor wir uns auf eigene, höchstwahrscheinlich falsche Spekulationen einlassen, suchen wir nach einem Ortskundigen. Der Hof scheint wie ausgestorben, nicht einmal Haustiere sind zu sehen, und auf unser lautes und wiederholtes Rufen geschieht zuerst lange nichts. Erst nach wenigen Minuten, als wir entmutigt schon wieder weitergehen wollen, knarzt eine Holztür, und heraus tritt ein altes Weiberl mit einem schwarzen Kopftuch über den dünnen weißen Haaren, einem faltigen Gesicht, armseligem Gewand und ziemlich schmutzig. Auf unsere Frage erklärt sie aufgeregt gestikulierend den Weg nach Schönbach; aber eigentlich können wir nur aus ihren Armbewegungen etwas verstehen, von ihrer Beschreibung selber bekommen wir nur sehr wenig mit, so schwer verständlich ist ihr Kauderwelsch, teils wegen des Dialekts, teils weil sie kaum mehr Zähne hat.

Auf alle Fälle, das was wir begriffen haben, erweist sich bald als große Hilfe für den weiteren Weg und am Ende auch als richtig. Wir gehen einen zwar glitschigen, aber immerhin erkennbaren Fußweg entlang, vorbei an hohen Maisfeldern, über einen kleinen Hügelrücken hinunter auf eine Teerstraße. Einen Wettlauf gegen die Zeit wie heute morgen fangen wir jetzt gar nicht erst an, dazu sind wir zu durstig und außerdem nicht ganz sicher, ob wir überhaupt in die richtige Richtung marschieren. Die Aufnahmefähigkeit für Landschaft und Natur schwindet bei solchen Strecken schnell, zu sehr ermüdet einen der Asphalt.

Hinter Arbesbach verlaufen wir uns erneut. Eine Gereiztheit kommt auf, weil keiner schuld sein will, die Markierung übersehen zu haben. Die Kirche in Altmelon (10. Jh.?) ist wenig gepflegt, aber herrlich kühl. Aus jedem Bach wird getrunken, wovor jeder Wanderprofi wahrscheinlich mit Recht warnt. Dazu Traubenzucker und Kaugummi – das eine stärkt, das andere lenkt ab. Wie wir nach Schönbach gekommen sind? Jedenfalls ohne die Markierung und am Ende stumm, weil jeder mit seinem Bruder Leib zu monologisieren hatte.

Versuche über ein Bauernhaus in Anschau ...

... und St. Georg in Traunstein

Die Rast weckt die Lebensgeister, löst die Zungen. Noch zwei Stunden bis Traunstein, das schönste Wegstück des Tages. Spätsommer im Mittelgebirge, ein paar Sonntagsspaziergänger, Bilderbuchbauernhäuser, wir machen Skizzen. Als wären wir nicht eben noch am Ende der Kräfte gewesen, kommen wir ausgelassen in Traunstein an. Der Gasthof, bei dem wir uns angemeldet hatten, ist eher abweisend als einladend. Riesenhunger. Aber mehr als sechs Eier und zwei Büchsen Gulaschsuppe gibt es in dieser Dorfwirtschaft nicht – für vier gierige Mägen. Dafür sinnlos viel Fanta. Und Muskelkater. Und die Augen fallen einem nach dem andern schon am Tisch zu. Das kärgliche Nachtmahl überspielt Christian ironisch mit Silesius:

Halt an, wo laufstu hin, der Himmel
ist in dir:
Suchstu Gott anderswo, du fehlst ihn
für und für.

Halbmechanisch skizziere ich die triste Gaststube mit den biervollen Bauern. 22 Uhr 35. Schluß für heute.

Bald sehen wir einen kleinen Ort vor uns, zweifellos das von der Alten erwähnte Kleinsiegharts; aus der Karte wissen wir auch, daß das auf dem Weg liegende Anwesen »Furchthof« heißt – er erscheint auch zum Fürchten einsam – und daß wir einen ziemlich großen Umweg gegangen sind.

Bei einer Brücke über den Kamp, einem später größer werdenden Fluß, nach dem das Kamptal bei Zwettl benannt ist, stoßen wir wieder auf den NSWW, der zu unserem Leidwesen hier auf der Straße verläuft.

In Schönbach halten wir uns nur zu einer kleinen Erfrischung auf. Dem hübsch zwischen Waldrand und Feldern gelegenen Ort, dessen spätgotische, mehrschiffige Lichtmeß-Kirche vom Führer besonders ausführlich beschrieben wird, können wir kaum Aufmerksamkeit schenken, denn müde wie wir sind, haben wir für heute eigentlich nur mehr ein Ziel vor Augen: Traunstein – und höchstens kurz vor dem Ziel noch einmal zu rasten. Denn wer weiß, ob wir den Weg nicht noch einmal verfehlen; wir sind es ja fast schon gewohnt. Aber eine Hoffnung gibt es noch: die Regel »Keine Regel ohne Ausnahme« ist bei uns keine Ausnahme, und zu unserem Glück sind die acht Kilometer bis Traunstein eindeutig markiert, offensichtlich war hier ein ganz begeisterter Maler am Werk, so oft erscheint das Zeichen.

Es ist übrigens auch das schönste Stück Weg des ganzen Tages; er verläuft bergansteigend durch einen kühlen, etwas düsteren Wald, dann trifft er auf den verträumt sich zwischen Bäumen hindurchschlängelnden Edelbach, an dessen Rand wir auf eine geradezu gespenstisch wirkende Ruine treffen, den Zollhof. Es scheint hier noch jemand zu wohnen, als Einsiedler vielleicht, denn es flattert Wäsche an einer Leine.

Bei Anschau, so nennen sich fünf beieinanderstehende Höfe, existieren noch die Mauerreste einer Burg. Die Höfe, angeblich typisch für die Waldviertler Landschaft, sind wahrscheinlich ehemalige Wirtschaftsgebäude der verfallenen Burg Anschau. Hier, von wo es nur noch zwei bis drei Kilometer zum Tagesziel sind, lassen wir uns auf einer Bank nieder, um zu zeichnen.

Die angeblich typischen Gebäude könnten mit Balkon, Antenne und ihren großen Fenstern in jeder Vorstadtsiedlung stehen. Aber das eine, an dessen Tor noch ein weiteres gleichartiges anschließt, die beiden könnten wirklich alt sein.

Die letzten Kilometer, erst wieder auf einer Teerstraße, dann, hinter Glashütten, auf einem alten Fahrweg durch Wald und Feld, sind schnell durchwandert; um 18 Uhr sind wir in Traunstein.

4. Tag

Montag, der 9. 8.

Der heutige Tag beginnt sehr früh mit einer unangenehmen Überraschung: Michaels Magen- und Darmgrippe, unter der er am Ferienanfang litt und die er noch nicht vollständig auskuriert hatte, ist wieder ausgebrochen, und zwar im wahrsten Sinne des Wortes: wimmernd weckt er uns noch vor vier Uhr früh; er hat das ganze Klosett der Pension Huber vollgespuckt. Alles ist danebengegangen, weil er in Dunkelheit und Eile den Lichtschalter nicht hatte finden können. Hervorgerufen wurde das Malheur sicherlich durch das viele kalte, wohl auch nicht ganz saubere Wasser des Bächleins vom Vortag. – Wir werden in Zukunft vorsichtiger sein und bestimmt besser auf die Warnung von Angelus Silesius hören!

Dieser nicht vorhersehbare Zwischenfall bringt den ganzen heutigen Wanderplan ins Wanken; wir wissen nur, daß wir um 5 Uhr 45 nicht losgehen können und auf das erste Teilstück bis Ottenschlag – 9 Kilometer in drei Stunden – verzichten müssen. Dort soll es Arzt und Apotheke geben; wie aber kommen wir am bequemsten hin? Papa steht auf und sucht im Ort nach einem Taxi, das er dann auch glücklicher- und zufälligerweise bei einer Frau Meierhofer findet, die uns aber erst um acht Uhr holen kann.

Die Zwischenzeit nutzen wir drei Gesunden, um auf dem Wachtstein, einem mächtigen Felsgebilde über dem Dorf, Aussicht und Morgensonne zu genießen. Außerdem haben wir wieder unsere Zeichensachen dabei und versuchen vergeblich, die Landschaft mit dem Stift einzufangen. Wir sind natürlich alles andere als Künstler, und was uns außerdem fehlt, ist die Geduld, bei einem Objekt zu bleiben, wenn seine Wiedergabe nicht gleich auf Anhieb klappt. Heute merken wir, daß es ungeheuer schwierig ist, eine Landschaft zu skizzieren; wir werden es in den nächsten Tagen auch hauptsächlich auf Gebäude absehen; bei jedem von uns sind die gelungeneren Zeichnungen die von Bauwerken, die Landschaftsbilder sind alle völlig mißglückt.

Direkt unterhalb des Wachtsteins steht die Kirche Sankt Georg, ein ganz neues, modern gebautes Gotteshaus, innen mit einer abstrakten Faltdecke, die das Zelt Gottes versinnbildlichen soll. Etwas tiefer, am Osthang des Felsens unterhalb der Kirche, schmiegt sich der Ort Traunstein an den Hügel.

Spitz an der Donau, 9. August

Das war ein aufregender Tag. Jetzt, wo alles wieder in Ordnung ist, wirkt die Aufregung wie eine hochgespielte Nebensache. So ist das mit Tagebüchern: die Gedanken und Gefühle des noch Bevorstehenden sind im Nachhinein nur vage Erinnerungen.

Michael muß sich in der Nacht übergeben, Michael hat Fieber, Michael ist weiß wie Kalk. Also hatte der Arzt daheim doch recht mit dem Blinddarm. Ende der Wanderung? Aber es könnte ja auch die viele Hitze und das viele Bachwasser von gestern sein. Die Hähne wecken ihr Gesinde. Der Morgen dämmert im schlafenden Dorf. Eine Frau öffnet das Fenster. »Gibt's hier ein Taxi?« frage ich. Sie überrascht mich mit einem Ja. Halb sechs geht im Haus des Taxibesitzers die Jalousie auf. Seine Besitzerin will uns um acht nach Ottenschlag zum Arzt bringen. Beim Einpacken sind wir ganz benommen. Mitleid mit Michael, Selbstmitleid, daß der Urlaub so rasch zu Ende ist. Der Arzt hat noch zu. Wir gehen zum Apotheker. Der schaut sich den Schaden an. »Das ist kein Blinddarm, das ist die Augustkrankheit!« Und er gibt uns Mexaform. Da macht das Mitleid rasch der Selbstsucht Platz. »Fahr mit dem Bus nach Spitz, dort sehen wir uns abends.« Und ein paar Schilling und Abschiedsküsse. Dann ist Michael allein mit seiner Rührung im Bauch und im Herzen. Rabenvater! Ich suche den Gedanken zu verdrängen. Der Weg ist eben, vielleicht schön, aber wir sind zerstreut, keiner mag viel reden, jeder denkt wohl an Michael. Heute will ich von Goethe erzählen.

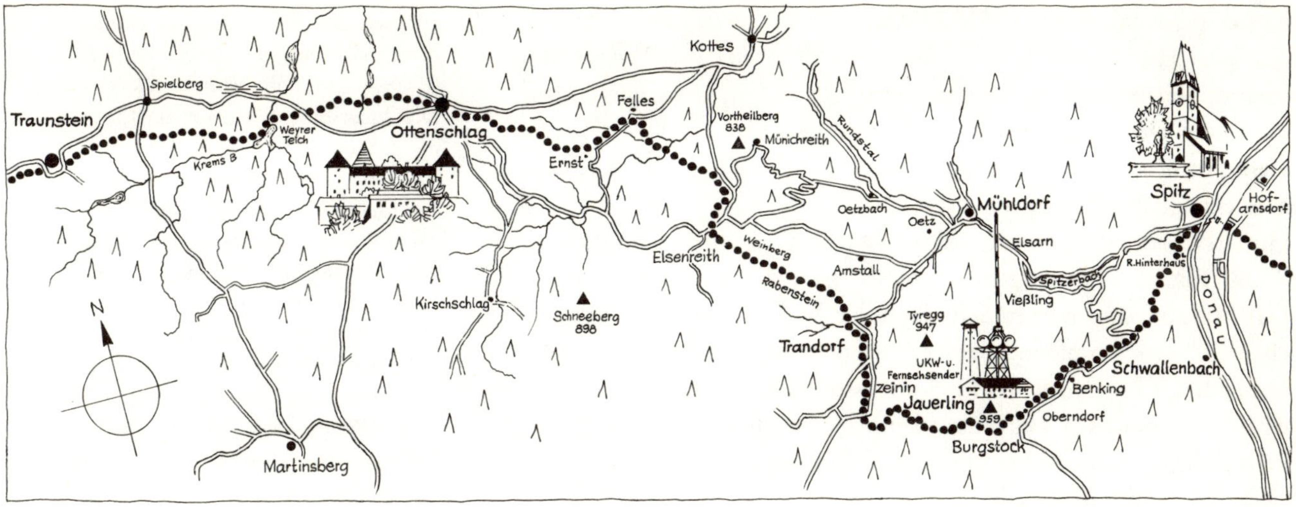

»Alles geben die Götter, die unendlichen, / Ihren Lieblingen ganz, / Alle Freuden, die unendlichen, / Alle Schmerzen, die unendlichen, ganz.« Dann ist Michael ein besonderer Götterliebling, konstatiert Peter in seinem kauzigen Ernst, und weiter: Das reimt sich doch gar nicht. Goethe als Wanderer? Meist sehen wir ihn als Ölfarbenbild posierend von Tischbein ins Tal von Amalfi gelegt oder in der Kutsche nach Malcesine. Und doch schrieb dieses unruhige Wanderherz ein Sehnsuchtsgedicht nach dem letzten Ziel, das er »Wanderers Nachtlied« überschrieb:

Der du von dem Himmel bist,
Alles Leid und Schmerzen stillest,
Den, der doppelt elend ist,
Doppelt mit Erquickung füllest,
Ach, ich bin des Treibens müde!
Was soll all der Schmerz und Lust?
Süßer Friede,
Komm, ach komm in meine Brust!

Tiefen Eindruck macht Goethe nicht auf die Jungen. Mahomets Gesang ist »schwulstig«, die orphischen Urworte

Pünktlich um acht Uhr kommt Frau Meierhofer mit ihrem Combi-Taxi und fährt uns in wenigen Minuten nach Ottenschlag.
Nachdem wir in der Apotheke waren, trennen sich unsere Wege – der Apotheker hat übrigens gemeint, daß es sich bei Michael um die »typische Augustkrankheit« handle. Mit Michis Einverständnis haben wir jetzt beschlossen, daß er per Bus nach Spitz fährt, um dort im Gasthaus »Michl« auf uns zu warten, wo man schon von unserer Ankunft weiß. Gerne lassen wir den Kleinen nicht allein in einer ihm unbekannten Gegend unter lauter fremden Menschen; aber er findet sich schon zurecht, gibt allerdings hinterher zu, daß er sich furchtbar gelangweilt hat und sich jetzt beeilen wolle, wieder gesund zu werden.
Wir drei machen uns zu Fuß auf den Weg nach Spitz und durchqueren dabei erst den Ort Ottenschlag. In der rechten Seitenstraße erhebt sich der Turm der Kirche mit seiner Zwiebelkuppel, deren Spitze durch einen kleinen Glockenturm erhöht ist. Auf der anderen Straßenseite passieren wir das burgartige Schloß mit seinen starken Mauern und mächtigen Türmen.
Wir wandern aus dem Ort hinaus, gelangen auf einen Fahrweg und merken allmählich deutlich, daß wir die rauhen nördlichen Gefilde des Waldviertels immer weiter hinter uns lassen und uns dem milden Klima des Donautals, der Wachau, mehr und mehr nähern. Die Felder breiten sich hier weiter aus als im Norden, scheinen auch ertragreicher, der dunkle Nadelwald weicht allmählich dem Mischwald, der Boden

ist weniger feucht, ohne viel Morast und Sumpf. Auch gibt es hier wesentlich mehr Menschen als im oberen Waldviertel; das Leben scheint leichter und angenehmer zu sein. Innerhalb kurzer Zeit kommen wir durch die Orte Ernst, Felles, Richterhof und Elsenreith – in diesen vielleicht neunzig Minuten hätten wir im Nebelsteingebiet allenfalls eine einzige Ansiedlung angetroffen.
Hinter Elsenreith kommen wir noch einmal in einen sehr dichten Wald. Rechts von uns geht es steil bergan, das ist der Rabenstein (740 m). Auf der anderen Seite läuft der Weinberg parallel (653 m), ebenfalls stark bewaldet. Hier ist es wieder ganz still, die Natur ganz unberührt. Es wimmelt von Insekten, Waldbienen, denn der Wegrand ist üppig bewachsen mit blühenden Pflanzen. Ein Hase springt aus dem Gebüsch, spitzt seine Ohren und sieht ängstlich um sich. Er erblickt uns und hoppelt eilig davon.
In Trandorf ist es aus mit der Ruhe, hier ist die Luft voll vom Lärm einiger Planierraupen, die zum Bau einer Straße Erde bewegen. Außerdem soll in der Nähe Graphit abgebaut werden. Es ist Mittagszeit, die Bauern kehren mit hochbeladenen Heuwagen von den Feldern heim. Viele sprechen uns an, fragen nach unserem bisherigen Weg – man weiß hier vom Wanderweg in den Süden – und wünschen uns viel Spaß für den »Jämmerling«, wie sie den Jauerling wohl wegen seines letzten, besonders steilen Stückes nennen.
Der nächste kleine Ort heißt Zeining, ihn erreichen wir nach zwei Kilometern auf einer Teerstraße, können aber bald abzweigen auf einen Waldweg, der anfangs noch einigermaßen gemächlich, bald jedoch ziemlich steil zwischen Fichten und Tannen, Moos und Himbeersträuchern hinaufsteigt. Streckenweise verliert sich der Weg ganz, wir können uns aber auf die weithin sichtbaren Markierungszeichen an den Bäumen verlassen, wobei wir einfach »querwaldein« über Wurzeln und Unterholz hinaufschnaufen.
Der Jauerling ist anscheinend ein beliebtes Ausflugsziel, allerdings nicht nur für Wanderer und Erholungssuchende, die zu Fuß heraufkommen, sondern auch für »fleißige Urlaubsmänner«, wie der Peter in einer seiner vergnügten Philosophierereien die Leute nennt, die mit dem Auto von Spitz oder Maria Laach herauffahren, vielleicht auf der Wiese neben dem wegen Wetterschäden geschlossenen Aussichtsturm Federball spielen oder sich gleich ins Wirtshaus setzen. Neben dem Aussichtsturm steht ein weithin sichtbarer und den Berg kennzeichnenden Sendemast.
Mit guter Fernsicht haben wir bei unserer Tour nicht viel Glück; auch hier liegt wieder ein leichter Dunst über dem Land.

»pathetisch«; bei »Schwager Kronos« finden sie immerhin die Zeile »Diesen frischen Gesundheitsblick« lustig.
Die Ausnahme macht »Prometheus«, der prägt sich ein: »Hier sitz ich, forme Menschen / Nach meinem Bilde, / Ein Geschlecht, das mir gleich sei, / Zu leiden, zu weinen / Zu genießen und zu freuen sich, / Und dein nicht zu achten, / Wie ich!«
Dieser Trotz, diese Auflehnung scheint unverwüstlich. Ein bißchen komme ich mir wie ein alter Schulmeister vor: alten Bildungswein in junge Adern hineinpumpen. Aber ihn vorzuenthalten, wie es die Schulen heute tun, ist noch schlimmer. Unser Schul-Durcheinander bringt immerhin den Eltern wieder bei, daß sie die eigentlichen Lehrer ihrer Kinder sein sollen.
Auf dem Jauerling sind wir in halber Normalzeit und ich naß wie nach dem Bade. Dann hinunter nach Spitz. Die letzten Kilometer sind immer die leichtesten. Dann kommt der Höhenkoller in Bauch und Hirn, beginnt das Kalauern, diesmal ist der alte Goethe das Opfer mit seiner Feierlichkeit des »Prometheus«. Auf Michaels ungewisses Schicksal anspielend, zitieren wir: »Ich dich ehren? Wofür? Hast du die Schmerzen gelindert je des Beladenen? Hast du die Tränen gestillet je des Geängsteten?«
Als wir im Donautal sind, kommt die Strafe für unseren Mißbrauch von des Altmeisters gewaltigstem Gedicht. Noch eine volle Stunde bis zum Quartier. Der Wirt hat kein Zimmer für uns. Aber dem »jungen Herrn« gehe es ganz wohl. Er nimmt uns wie alte Bekannte. Ein Heuriger zuerst, dann bringt er uns ins Ersatzquartier, das er besorgt hat. Beim Abendessen höhnen wir im Chor: »Wähntest du etwa, Ich sollte das Leben hassen, In Wüsten fliehen, Weil nicht alle Blütenträume reiften?« Keine sehr vornehme Art

Die 12-Apostel-Pfarrkirche in Spitz

des Umgangs mit der deutschen Klassik. Aber besser als gar keiner.
Michael sitzt stumm dabei – und ein bißchen blaß und ängstlich. Morgen wird sich zeigen, ob er weiterkann, ob wir weiterkönnen. Es ist schon Mitternacht. Gute Nacht – so vornehm haben wir bisher noch nie geschlafen, mit eigener Dusche, mit Daunendecken, bei einer vornehmen Dame, die hochösterreichisch spricht. Ich wünschte mir so große Hände, daß ich meine dreckigen Wanderhosen vor ihrem Blick bedecken könnte.

Nach einer kurzen Getränkepause und nach dem geglückten Versuch, auch für Michi den Stempel zu ergattern, beginnen wir mit dem Abstieg in Richtung Spitz. Sieben Kilometer liegen nur noch vor uns. Die ersten davon verlaufen auf der Straße, auf der die Autobergsteiger herauffahren, und das sind nicht wenige. Nach zwei kleinen Orten, Oberndorf und Benking, und einem kurzen Stück bergab gelangen wir zur Abzweigung eines kleinen Waldweges. Und hier beginnt das schönste Stück des heutigen Tages: ein Stück, bei dem wir ganz allein sind, wo die Luft sauber ist und der Boden weich. Der Nadelwald ist jetzt völlig einem lichten Mischwald gewichen. An manchen Stellen treten die Bäume zurück, und unter uns liegt ein weites Tal, durchzogen von einem Flüßchen. Die Donau kann es nicht sein, die wäre größer; es ist der Spitzer Bach, der bei Spitz in die Donau fließt und an dessen Ufern sich winzig erscheinende Orte aufreihen.
Auf solchem Boden bergab zu gehen ist ein Kinderspiel, die Beine bewegen sich fast von selbst, man muß nur darauf achten, daß man nicht ins Laufen kommt. Es geht recht schnell voran, außerdem schaltet man gewissermaßen ab und nimmt Sehenswertes gar nicht so richtig zur Kenntnis. Wir merken zum Beispiel nicht, daß wir an der – sicherlich ein wenig im Wald versteckt gelegenen – Burgruine Hinterhaus vorbeigehen. Erst als wir direkt oberhalb von Spitz aus dem Wald heraustreten, konzentriert sich unsere Aufmerksamkeit wieder, und zwar auf den idyllisch an dunkelgrünen Weinbergen gelegenen Ort mit seinen vielen roten Dächern und den sich emporreckenden Kirchtürmen, auf das dunkle Wasser der Donau und deren dichtbewaldetes Ostufer. All das wirkt sehr friedlich, es dringt fast kein Geräusch herauf. Aber bald müssen wir feststellen, daß erstens Spitz eine ziemlich belebte, verkehrsreiche Kur- und Touristenstadt ist, und zweitens, daß wir unseren Michl im Hotel »Michl« nicht antreffen können, da es voll besetzt ist. Die Gastwirtsleute sind sehr nett und aufmerksam, wissen sofort um den Patienten Bescheid, und der Wirt bringt uns zur Pension »Österreicher«, wo Michael uns schon sehnlich erwartet.

5. Tag

Dienstag, der 10. 8.

Auf historischem Boden, so verkündet unser Wanderführer, werden wir uns heute bewegen, 28 Kilometer, etwa acht Gehstunden, von Spitz über den Wallfahrtsort Maria Langegg, die berühmte Ruine Aggstein, über Kloster Schönbühel nach Melk, der Königin der Wachau. Viele historische Plätze und Bauwerke bekommen wir heute zu Gesicht, wobei wir aber nicht allen die gebührende Aufmerksamkeit schenken können, weil uns die Länge der heutigen Tour nicht genügend Zeit dafür läßt – oder später aus Müdigkeit.
Ersteres trifft auf Spitz zu; hier haben wir nur gestern Abend am Donauufer, der »Donaulände«, den Geruch des Flusses geschnuppert und die Abendstimmung genossen – wieder bewaffnet mit dem Skizzenblock –, den langsam in kleinen Wellen dahinströmenden Fluß, das dunkle gegenüberliegende Ufer mit ein paar wenigen aus Hofarnsdorf herübergrüßenden Lichtern.
Um sieben Uhr brechen wir auf, mit einem wiedergenesenen Michael – er hat sich auch wirklich damit beeilt, denn einen weiteren Tag allein »hätte ich nie ausgehalten« – lassen wir uns von der Rollfähre, die auch Autos transportiert, auf die andere Donauseite bringen, und – verlaufen uns wieder einmal ein bißchen! Anstatt auf einer Straße landen wir zwischen den Reben eines Weinberges, und das lohnt sich nicht einmal, denn die Trauben sind leider noch unreif. Wieder auf dem richtigen Weg, begegnen wir zwei mißmutig dreinblickenden rundlichen Wanderinnen, an ihrem Dialekt eindeutig als Wienerinnen erkennbar. Diese Begegnung bringt für die nächste halbe Stunde ein lustiges Gespräch unter uns vieren, bei dem sich Peter wieder einmal mit seiner unerschöpflichen Phantasie auf dem Gebiet des Blödelns hervortut: Die beiden Damen bekommen zunächst den Titel »Wiener Waschweiber«, zu dem wir immer mehr W-Wörter hinzufügen, bis sich ein komischer, knapp dreißig »W« zählender Satz ergibt: Wäsche weißwaschende, wollige Würmer wegwerfende, wetterwendisch watschelnde, wahnsinnig witzige, Wanderwegweiser wegstellende, wunderbar wampenwippende, wohlgenährte Wackel-Weit-Wander-Weg-Wander-Wiener-Waschweiber ...
Von Spitz, dem tiefstgelegenen Punkt des ganzen NSWW, führt der Weg nach Maria Langegg durch einen lichten Wald, zeitweise steil berg-

Melk an der Donau, 10. August

Die Kinder machen irgendwo draußen Skizzen vom Stift, während ich in der Gaststube vom »Weißen Rössel« anfange, den Tag aufzuschreiben. Denn zum Nachtmahl kommen noch Freunde aus Wien, die unseren Zustand inspizieren wollen. Vor einer Stunde noch hätten sie uns »total zerstört« erlebt. Der Schotte an meinem Tisch, ein Hüne mit Babygesicht und mit Kilt uniformiert, mag mein abweisendes Geschreibsel nicht. »Was ist das für eine Schrift?« – »Stenographie.« – »Ja, aber welche?« – »Deutsche Einheit.« Nach fünf Minuten kenne ich sein Leben, die zwei Frauen, die Kinder, seine Liebe zu Österreich, seine Wildwasser-Kanumedaillen. Er dürfe nicht mehr so viel trinken, sagt er schließlich, »the liver«, sagt er, zahlt und geht.
Also der Tag. Morgen. Michael hat sich gesundgeschlafen. Wir nennen ihn auszeichnend »mexaformidabel«.

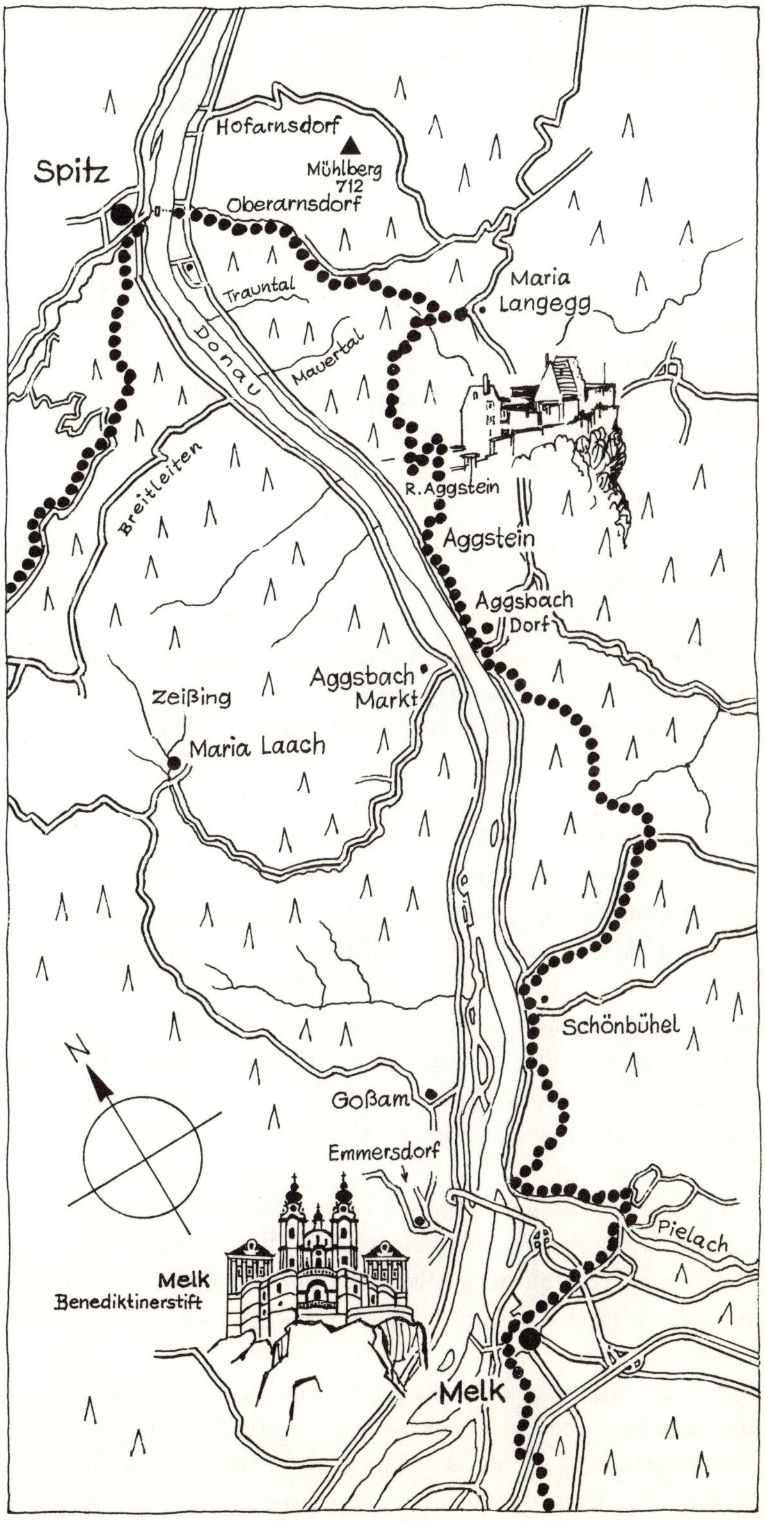

Meine Füße stehen auf Wasser. Ich zerdrücke, zerquetsche, zersteche die Blasen wie lästige Fliegen. Typische Anfängerfüße, belehrte uns gestern ein Erfahrener, und »Sie hätten auch die neuen Schuhe erst daheim in kleinen Wanderungen einlaufen sollen«. Zu spät. Dann – mit der Fähre über die Donau – beginnt die Wallfahrt nach Maria Langegg. Peter und Michael machen den steilen Anstieg doppelt, sie rennen vor, pflücken Himbeeren und Heidelbeeren, bringen sie dem Nachkeuchenden mit dem »Vitamine für den Papa« und sind schon wieder hundert Meter weiter oben. Maria Langegg erinnert mich entfernt an die Wieskirche, wo wir getraut wurden. Die Maurer, die das schöne, aber heruntergekommene Barockpfarrhaus renovieren, freuen sich über uns Rucksackwallfahrer; wir sind hier eine Rarität. Dutzende Omnibusse, ein rechter Jahrmarkt

auf. Schon von weitem sieht man dann die helle Barockkirche mit ihrer dunklen »welschen« Haube. Sie steht auf einem kleinen Grashügel, nebenan die klösterlichen Wirtschaftsgebäude; unten nützen Gastwirte ihre Chance, mit der Bewirtung und Beherbergung der zahlreichen Wallfahrer und sonstigen Besucher Geld zu verdienen.

Kirche und Kloster sind eine Gründung des Servitenordens und werden seit 1644 als Wallfahrtsort erwähnt. Anfangs war Maria Langegg eine kleine Kapelle, und erst in den Jahren 1765 bis 1773 erhielt sie durch den Baumeister Michael Ehmann ihre jetzige barocke Form mit leichtem Renaissance-Einschlag.

Nach einem Blick ins Innere, wo gerade für eine Wallfahrergruppe eine Messe gehalten wird, kehren wir um, gehen ein Stück auf unserem sehr staubigen Weg zurück und gelangen bald in einen schönen Laubwald. Immer wieder tauchen kleinere Steinbrüche auf; hier holte man wohl auch das Baumaterial für die Burg Aggstein, deren Ruine unser nächstes Nahziel ist.

Die Burg liegt als Spitze und Krönung auf einem über dreihundert Meter hohen, bewaldeten Felsen über der Donau. Von ihren großenteils verfallenen und mit Gras oder Moos bewachsenen Mauern kann man das Donautal weithin überblicken. Ein weißes Schiff fährt tief unten auf dem graublauen Fluß geräuschlos gegen die Strömung an, verschwindet langsam hinter der nächsten Landzunge, taucht nach der Biegung bald noch einmal als winziger Fleck auf, bis es sich endgültig unseren Blicken entzieht.

Die Burg wurde Anfang des dreizehnten Jahrhunderts von den Kuenringern erbaut, eigentlich zum Schutze der Donau-Kaufleute. Bald wurde sie aber zum Gegenteil. Die Kuenringer, ursprünglich ein sehr angesehenes Geschlecht, allerdings bei den Geschichtsschreibern in Melk unbeliebt, sollen böse und grausame Raubritter geworden sein, die die Händler gefangennahmen, ausraubten und im »Rosengärtlein«, einem Felsplateau, aussetzten, wo sie verhungerten oder sich in die Tiefe stürzten.

Dann begann eine Fehde mit dem Landesherrn, dem Babenberger Herzog Friedrich dem Streitbaren, wobei dieser, so wird berichtet, nach vielem vergeblichem Anstürmen gegen die unüberwindlichen Mauern erst durch eine List eindringen konnte und schließlich die Burg zerstört haben soll.

Auf einem bequemen Fahrweg geht es nun wieder zügig bergab auf eine stark befahrene Bundesstraße und an deren Rand in kurzer Zeit nach Aggsbach-Dorf, wo wir Rast machen, uns stärken und einen Blick auf die Marienkirche und das Kartäuserkloster werfen.

»zu unserer lieben Frau«. In der Messe feiert man Sankt Laurentius: »Wer sein Leben retten will, der wird es verlieren, und wer es hingibt, der wird es gewinnen.«
Katholische Massenwallfahrtsorte – ob Lourdes, Altötting oder Mariazell (das steht uns noch bevor) – sind für Ungläubige gegebene Objekte billigen Spottes. Aber sie sind auch nichts für Wanderer. Wallfahrer ziehen in Scharen, Wanderer sind Einzelgänger, verliebte Paare, Familien, bestenfalls kleine Gruppen. Trotzdem war es für uns eine Art *dies pietatis*. Es wurde aber auch der uns am Nebelstein als unvermeidlich prophezeite *dies crisis*.
Die Burgruine Aggstein ist mir nur noch als Ruhe- und Aussichtsplatz gut; ich überlasse den Kindern die Inspektion des Mittelalters und blättere bei Hölderlin. Als wir zur Donau hinuntersteigen – eine schattige Erholung nach glühender Sonne –, werbe ich bei ihnen für den Dichter meiner Jugend,

Blick auf Hofarnsdorf, gegenüber von Spitz

erst mit der tragischen Biographie, dann mit »Hyperions Schicksalslied« und »Hälfte des Lebens«. . . . jählings von Klippe zu Klippe geworfen . . . tunken das Haupt ins heilig nüchterne Wasser . . . Für sie scheinen es riesige Luftblasen zu sein. Unten an der Donau – beim Wirt in Aggsbach – heiße Würstel, Brezen und Fanta, das ist die wahre Realität. Ich frage mich, ob diese andere Realität Hölderlin für jene Welt gar nichts mehr bedeutet, in der die Kinder morgen leben müssen.

In Schönbühel bittet uns ein alter Pfarrer um fünf Minuten Zeit. Er führt uns durch seine Kirche auf einen Söller, der in die Donau hineinragt. In der Ferne sehen wir Melk, unsere heutige Gralsburg. Bis dorthin ist es unzählbar, auch unerzählbar weit. Das Stück »Treppelweg« an der Donau führt unvermeidbar auf die Hauptstraße Wien–Linz, und wir sind der automatisierten Rücksichtslosigkeit von vielen hundert Autos ausgeliefert, die uns

Und hier beginnt der anstrengende Teil des heutigen Weges, der manchmal geradezu deprimierend ist, so daß uns dieser Tag als der eigentlich »schlimmste« – sofern man dieses Wort überhaupt gebrauchen darf – in Erinnerung bleiben wird. Daran sind wir aber hauptsächlich selber schuld. Auf der Karte sieht der eingezeichnete Wanderweg, der sicher landschaftlich schöner und weniger anstregend gewesen wäre, so umständlich und lang aus (er macht eine Schleife um den Hochkogel), daß wir uns – nicht zuletzt der »schönen blauen Donau« wegen – versuchen lassen, entlang der Donaustraße, teilweise auch auf sogenannten »Treppelpfaden«, direkt am Ufer in Richtung Schönbühel und Melk zu wandern.

Anfangs ist es noch ganz angenehm, gemütlich am Flußrand zu gehen, aber bald wird der Weg immer schlechter, und in einem kleinen Wald endet er vollends in Gestrüpp und Schilf. Es bleibt nichts anderes übrig, als über eine fast senkrechte Böschung zu der bereits erwähnten vielbefahrenen Landstraße hinaufzukraxeln, um dann auf ihr mit allmählich schwerer werdenden Beinen weiterzumarschieren. Peter und Michi merkt man es richtig an, wie wenig ihnen diese Autostraße behagt: ihre gewohnte Fröhlichkeit ist verschwunden, und sogar der Oberquatscher Peter ist ganz still geworden. Hier hilft auch Papas Hölderlin nichts mehr!

Schönbühel wird von weitem durch die auf einem Felsen über der Donau liegende barocke Pfarrkirche der heiligen Rosalia angekündigt. Eigentlich hatten wir nicht vor, hier eine Pause zu machen, aber als der Pfarrer der Kirche uns die Landstraße herunterschleichen sieht, lädt er uns ein, er wolle uns »etwas Schönes« zeigen. Wir gehen durch eine Tür neben dem Altar der kunstvoll ausgeschmückten Kirche hinaus auf einen kleinen Steinbalkon, der auf einer Felsnase direkt über dem Wasser – etwa 30 Meter – aufsitzt. Von hier aus hat man eine prächtige Sicht, vor allem donauaufwärts, Richtung Melk. Ein recht großes Schiff fährt mit ziemlicher Geschwindigkeit gegen die Strömung, das uns sogar schon bekannt ist – wir haben es einmal in Passau gesehen: die »Ardealul« aus Rumänien mit dem »Blauen Band« für das schnellste Passagierschiff auf der Donau.

Dann machen wir uns wieder auf den Weg. Trotz der schlechten Erfahrungen scheuen wir wiederum den umständlich erscheinenden Wanderweg und bleiben auf der Straße. Nach einiger Zeit überschreiten wir die Pielach, einen gar nicht so kleinen rechten Nebenfluß der Donau, und stehen dann vor der Brücke, die wir schon von Schönbühel aus gesehen haben. Schon glauben wir unser Tagesziel erreicht zu haben, da sind es noch einmal zwei weitere Kilometer bis Melk, immer noch auf dieser verflixten Asphaltstraße. Es soll uns eine Lehre sein! Auch wenn der Wanderweg auf der Karte noch so umständlich und streckenmäßig länger erscheint – besser als eine Straße ist er in jedem Fall.

In Melk gehen wir unterhalb des weltberühmten Stiftes direkt zum Bahnhofshotel, wo wir mit Bekannten aus Wien verabredet sind. Aber das Hotel, ein schon ziemlich heruntergekommener Bau, existiert nicht mehr, und wir schleppen unsere müden Füße nochmals durch den belebten Ort, um das Gasthaus »Zum Weißen Rössel« zu finden. Auf dem Weg dorthin kommt uns plötzlich jemand entgegen, den wir bereits kennen: der Stuttgarter vom Nebelstein mit seinen beiden Mädchen, der seine Wanderung »ordnungsgemäß« – wie er selber betont – in Horn beendet hat und jetzt auf dem Heimweg ist. Er gibt uns nochmals seinen eindringlichen Rat, morgen einen großen Teil des Weges mit dem Bus zurückzulegen, denn das Land hinter Melk sei landschaftlich völlig uninteressant und »brettleseben«. Im übrigen erinnert uns sein Erscheinen an seine damalige Behauptung, der vierte Wandertag bringe eine Art Tiefpunkt, was sich ja heute auch bei uns als völlig richtig herausgestellt hat.

Nachdem wir uns im Gasthaus ein bißchen ausgeruht haben, versuchen wir von einem Park aus das gewaltig-schöne Stift auf Zeichenpapier festzuhalten. Nachdem wir dann mit unseren Besuchern aus Wien

mit ihrem giftigen Atem anfauchen,
mit dem Druckwind noch weiter in
den Straßengraben drängen. Wir hätten
hier nicht gehen müssen, der NSWW
führt oben durch den Wald. Aber
wir wollten etwas von der Donau
sehen, von der es morgen nach Süden
wegführt. Jeder nach uns Kommende
sei gewarnt. Den Asphaltmarsch muß
man den Soldaten überlassen. Dem
Wanderer hilft da kein Hölderlin (jahrlang
ins Ungewisse hinab); wir spielen
Personenraten von Asterix über Metter-
nich bis zu Tante Adi und »Ich sehe
was, was du nicht siehst, und das ist

Stift Melk an der Donau

... rot.« Einmal stimmte es wortwörtlich und war doch besonders schwer, nämlich beim symbolischen Rot, das ich sah, als Melk noch immer nicht näherzukommen schien. Dann stehen wir vor dem Bahnhofshotel. »Wegen Renovierung geschlossen!« Ich möchte mich hinsetzen, auf der Treppe übernachten. Wir reden von unserem Arzt. Und da kommt er leibhaftig – wie im Sprichwort. Das ist so komisch, daß wir wieder zu uns finden – und nachher hierher ins »Weiße Rössel«. Die Wiener Freunde finden uns bewundernswert, aber »es sei doch offensichtlich sehr anstrengend«.

zu Abend gegessen haben – sehr gut und sehr viel übrigens –, machen wir drei Buben noch einen Spaziergang zur Donau hinunter. Das Stift ist von vielen Scheinwerfern angestrahlt und leuchtet in den Nachthimmel hinein. Wir gehen auf der Brücke über die Melk und bewegen uns in einer stockdunklen, unbeleuchteten Straße auf ein einsames erleuchtetes Fenster zu. Es ist fast etwas unheimlich, ungefähr so, wie man sich das »Wirtshaus im Spessart« vorstellt. Besonders unserem öfters ängstlichen Michi ist offensichtlich gar nicht behaglich zumute ... Als wir die Landzunge erreichen, sitzen wir für einige Zeit ganz still; kein Laut ist zu hören, nur das Wasser rauscht gleichmäßig vor sich hin. Und wenn man aufsteht und etwas in Richtung auf das Wasser geht, dann taucht langsam das hellerleuchtete Stift über den Bäumen auf.

6. Tag

Mittwoch, der 11. 8.

Wir können uns heute früh viel Zeit lassen. Der Bus, mit dem wir uns mehr als 12 Kilometer erschwindeln und bis nach Sankt Leonhard fahren wollen – wir haben gar nicht vor, uns so weit kutschieren zu lassen, wie es der Stuttgarter empfohlen hat –, dieser Bus fährt erst gegen zehn Uhr am Bahnhofsplatz ab. Das gibt uns die willkommene Gelegenheit, das Stift Melk näher zu betrachten.

Melk ist eine historische Stätte. Schon in der Römerzeit existierte es als Kastell unter dem Namen »Nomare«, später saßen die Ungarn eine Zeitlang hier. Die ältesten Urkunden stammen aus dem Jahre 831; im Nibelungenlied taucht es unter dem Namen »Medelike« auf. Vom zehnten bis zum zwölften Jahrhundert hatten die Babenberger hier ihre Residenz, jenes Fürstengeschlecht, dem wir bereits auf der Burg Aggstein begegnet sind.

Weithin bekannt ist Melk durch sein großartiges Benediktinerstift, eines der wenigen Klöster, die im Spätbarock erbaut wurden (1702 bis 1726). Das äußere Bild ist sehr bekannt: ein majestätischer Bau mit zwei hohen Türmen, der noch höheren Kuppel, den barocken grünen Turmhauben und den langen, die Kirche flankierenden Klostergebäuden.

Spontan schließen wir uns einer eben beginnenden Führung an. Ein 89jähriger Mönch, der zwar auf einen Stock gestützt gehen muß, sonst aber einen recht rüstigen Eindruck macht (er hat immer »nur gesund gelebt«), führt uns mit einer ziemlich großen Touristengruppe durch die Räume des Klosterkomplexes und die Kirche. Man versteht ihn zwar nicht immer ganz, er redet ein bißchen undeutlich, außerdem auch noch Dialekt, aber das macht fast nichts, die Kunstwerke sprechen ja für sich.

Nach der Führung müssen wir uns beeilen, um unseren Bus zu erreichen, aber wir schaffen es noch und sind höchst befriedigt, daß wir die Zeit heute morgen so gut genutzt haben.

Es regnet leicht, die Felder liegen im Nebel, und mit dem Autobus sind wir in wenigen Minuten trocken in Au; zu Fuß hätten wir über zwei Stunden gebraucht. Damit soll nun auf keinen Fall etwas gegen das Wandern gesagt sein. Man könnte ja auch die 500 Kilometer des NSWW leicht im Auto an einem Tag, in wenigen Stunden zurückle-

Plankenstein, 11. August, Gasthaus Grassmann

Hier ist gut sein. Es ist wie zu Großvaters Zeiten. Wie die alte Magd Maria das heiße und kalte Wasser in Rieseneimern heraufschleppt und sich nicht vom »gnä' Herr« helfen lassen mag, wie die drei älteren Wanderinnen unter sich und mit uns Lebensläufe und Wegerfahrungen austauschen, und wie herrlich uns die neugierig-verständige Wirtin bekocht.
Es war ein buntgemischter Tag. Am Morgen der Nieselregen. Wir schauen uns zu unserer ästhetischen Bildung und historischen Belehrung das Stift an, diese trutzig-gewaltige, in Schönheit prahlende Burg der Gegenreformation.

Burg Aggstein in der Wachau

Die pilgernden Gläubigen früher Jahrhunderte werden durch eilige Auto-Touristen zahlenmäßig mehr als aufgewogen. Dann fahren wir mit dem Bus und schlechtem Gewissen nach Au. Pfui, sage ich mir, und auch die Kinder haben kein ganz reines Gewissen. Das ist wie beim Patiencelegen: wenn man mogelt, hat man doch keine Freude, wenn dann das Spiel aufgeht. Es soll Leute geben, die den NSWW in Rekordzeiten von zehn Tagen zurücklegen, es sind Kontrollstempeljäger per Fahrzeug, sozusagen Selbstbetrüger aus Passion, denn sie können kaum vor Freunden glaubhaft damit angeben.

Schloß Schönbühel an der Donau

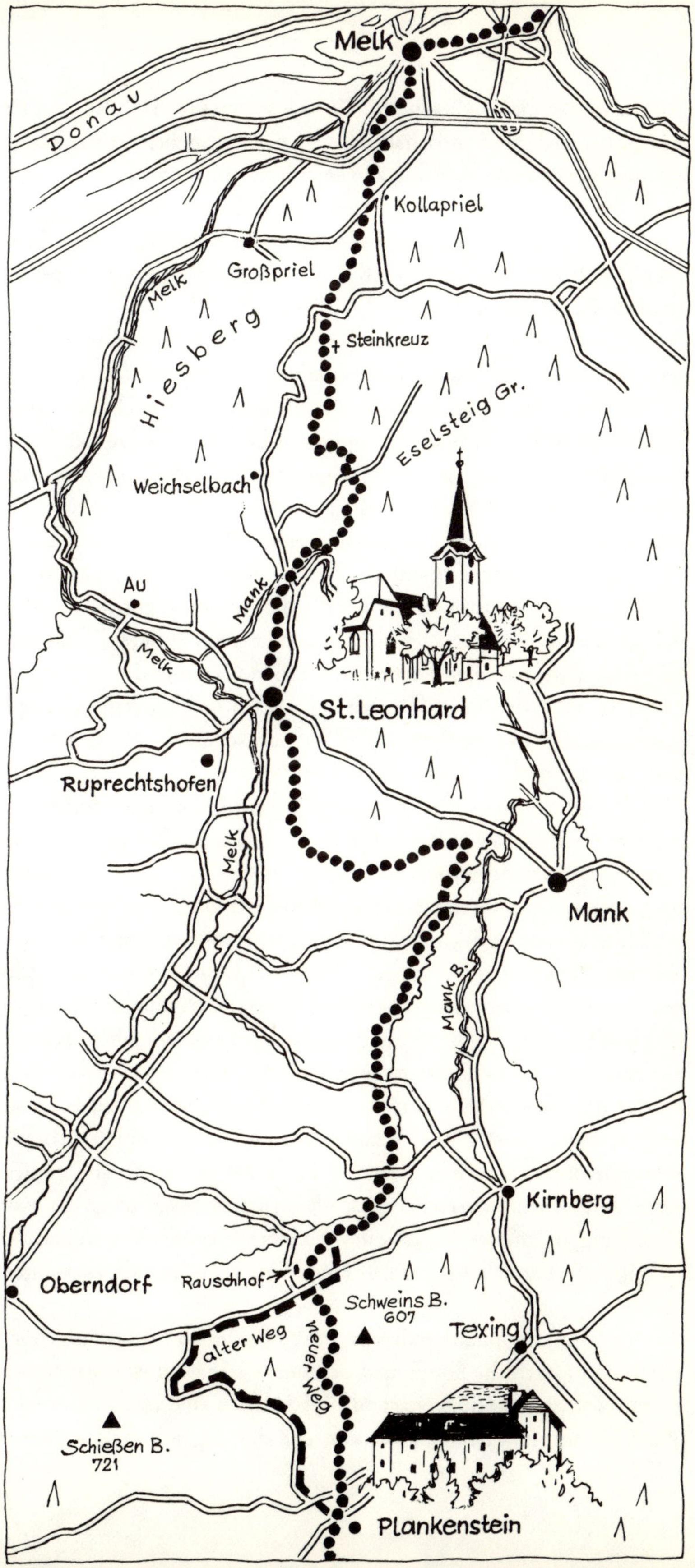

gen, dann hat man sie auch »hinter sich gebracht«. Der Autofahrer sieht dabei auch die Landschaft (falls sie nicht vernebelt ist wie heute, wo auch der Wanderer wenig zu sehen bekommt) und bestaunt vielleicht die eine oder andere Naturschönheit, hat sie aber meist gleich wieder vergessen, denn zu viele Eindrücke rasen vorbei. Am Ende ist er erschöpft vom Fahren; er weiß sich am Ziel, aber gesehen hat er eigentlich so gut wie nichts.

Da hat es der Wanderer besser. Ob er durch Wälder und über Wiesen geht, im Regen bei frischer Luft einen Gebirgsbach entlangwandert, bei Wind oder im Nebel einen Grat entlanggeht oder bei Sonnenhitze und schönster Fernsicht schwitzend einen Berg besteigt, immer lebt er in und mit der Natur; er ist empfänglich für Wahrnehmungen, Eindrücke – und vor allem hat er viel Zeit auch für sich selbst. Das Wetter spielt eine untergeordnete Rolle; schlechtes Wetter gibt es nicht, wie Papa zu sagen pflegt, nur anderes Wetter, denn jedes hat seine Reize, und (fast) jedes ist auf seine Weise für das Wandern gut.

Am Ende eines Wandertages, nach acht oder zehn Stunden, freut man sich über alles, was man erlebt und gesehen hat, über die vollbrachte Leistung, über dreißig Kilometer Fußmarsch und über die so angenehme Müdigkeit; gleichzeitig meldet sich schon die Vorfreude auf das, was der nächste Tag bringen wird.

In Au steigen wir aus, drei Kilometer vor Sankt Leonhard am Forst, denn wir wollen wegen Papa zu Fuß, als »Pilger« sozusagen, auf den Ort seines Namenspatrons zumarschieren, der uns dann auch gleich bei unserer Ankunft mit Glockengeläute begrüßt. Wir betreten die schöne alte Leonhardskirche, die im 15. Jahrhundert erbaut, mit zwei Seitenschiffen und rippenartigen Gewölben ausgestattet ist. Die Kirche, die zur Zeit teilweise renoviert wird, birgt wertvolle alte Kunstgegenstände, so eine Figur des heiligen Leonhard aus dem Jahre 1440 und verschiedene alte Grabplatten und Wappensteine.

In der etwas außerhalb von St. Leonhard gelegenen Kontrollstelle, dem Gasthof Josef Dorn, erhalten wir neben den obligatorischen Stempeln auch noch einen Zettel, auf dem der geänderte und verbesserte Verlauf des Weges bis nach Plankenstein beschrieben ist, eine Änderung, die unsere Ausgabe des Wanderführers noch nicht berücksichtigt. Vermutlich wird sie in einer neuen Auflage vorgenommen werden.

Als wir Sankt Leonhard verlassen, hat es wieder zu regnen aufgehört, bald schaut auch die Sonne hervor, und später wird es sogar richtig warm. Zwanzig Kilometer, rund fünf Stunden sind es von hier nach Plankenstein, und bald merken wir, daß die Gegend, die Landschaft

Einer soll allerdings ganz ehrlich die
500 Kilometer in sieben Tagen gegangen,
gerannt sein, ein Nurmi des NSWW,
ein Marathonläufer ohne bisher tödlichen
Ausgang – bisher, denn er will seinen
Rekord noch unterbieten.
In Sankt Leonhard am Forst besuchen
wir meinen Namenspatron. Er war
dank einer frommen Verwechslung
im Mittelalter der beliebteste Heilige
unter dem Bauernvolk. Denn man
hatte sein Attribut, die Kette, die der
französische Benediktinerabt als Gefange-
nenseelsorger erhalten hatte, für eine
Viehkette gehalten. Heute ist sein
Ruhm verblaßt, seine Verehrung zu
Brauchtum geworden. Bald wird es
mehr Gefangene als Bauern geben.
Dann mag er zu seiner echten Funktion
zurückkehren.
Die Sonne kommt heraus. Die südliche
Wachau breitet einen Charme vor
uns aus, der ans bayrische Alpenvorland
erinnert, südlich München, Glonn,

Kapelle St. Leonhard am Forst

Garss etwa. Es wandert sich wie von selbst, möchte ich es deutsch-böhmisch nennen. Die Krise ist überwunden, der Körper pariert.
Heute erzähle ich von Mörike. Ich hätte mich gründlicher auf die Biographien vorbereiten sollen, denn das interessiert die Buben mehr als ich dachte. Mich hatten in ihrem Alter nur die Gedichte und nicht die Autoren interessiert. Mörike – das klingt zunächst alles so harmonisch. »Wenn ich, von deinem Anschaun tief gestillt, mich stumm an deinem heilgen Wert vergnüge, dann hör ich recht die leisen Atemzüge des Engels, welcher sich in dir verhüllt . . .« Und dann die Tragödie einer Ehe, die erst auf ihrem Sterbebett Versöhnung findet. »Herr, schicke was du willt, ein Liebes oder Leides; ich bin vergnügt, daß beides aus deinen Händen quillt . . .« Und natürlich – trotz des Spätsommertages – das Frühlingslied »Er ist's«, das für Genera-

der heutigen Tagesetappe, das flache Vorland der österreichischen Alpen überhaupt nicht so langweilig und »brettleseben« ist, wie unser Stuttgarter Freund behauptet hat. Vielleicht ist er durch die Profilkarte, die Beilage zum Wanderführer, zu seinem Vorurteil gekommen, denn dort sieht das Ganze wirklich eintönig aus. Aber schließlich kann diese Karte über Landschaft und Natur überhaupt nichts aussagen, sie will ja nur die Höhenunterschiede deutlich machen.
Außerdem ist der Weg ja an mehreren Stellen geändert und verbessert worden, das gilt insbesondere für das letzte Teilstück vor Plankenstein, das früher sieben Kilometer lang auf einer Landstraße um den Schweinsberg herumführte. Inzwischen hat der Eigentümer dieses Aussichtsberges erlaubt, daß der Weg durch sein Gebiet markiert wird, und besonders dieses Stück macht den heutigen Wandertag sehr lohnend.

Bis kurz nach Mittag wandern wir stets auf guten Sträßlein oder bequemen »Güterwegen« durch leicht hügeliges Land. Zunächst gibt es wenig Wald, in diesem Gebiet herrschen weite gelbe Kornfelder vor, die Bauern sind eifrig bei der Arbeit; viele Felder sind schon abgeerntet und machen einen recht herbstlichen Eindruck. Immer wieder kommen wir an vereinzelt oder in Gruppen stehenden, meist sehr großen Bauernhöfen vorbei, der Unterschied zum oberen Waldviertel ist augenfällig. Hier haben es die Bauern sicher wesentlich leichter mit der Feldbestellung als die im kargen Waldgebiet. Auch größere Obstgärten mit Apfel- und Birnbäumen treffen wir in der Nähe der größeren Gehöfte an. Ein alter Mann, der sein Fahrrad mit Kisten voller Äpfel beladen hat und den wir fast nicht verstehen, als er uns anspricht und offensichtlich die beiden Kleinen für ihre Leistung bewundert, schenkt jedem von uns zwei Stück. Wir beißen gleich hinein und merken, daß sie einen sauer-erfrischenden guten Geschmack haben, obwohl sie etwas kümmerlich aussehen.

Bald gelangen wir in eine waldreichere Gegend; es geht wieder etwas mehr auf und ab; wir sind ja noch nicht in den Alpen, sondern erst im hügeligen Vorland, zu dem sogar noch das dann schon sehr gebirgige Gebiet bis hin zum Großen Ötscher (1893 m) gerechnet wird. Der Zettel mit der Wegbeschreibung erklärt alles genau, jede Richtungsänderung ist angegeben, fast immer mit Meterangaben, so daß wir kein einziges Mal Schwierigkeiten mit dem Weg haben.

So kommen wir zum Rauschhof, einem riesigen Gut, an dem der neue Weg vorbeigelegt worden ist, um den Wanderern eine weitere Übernachtungsmöglichkeit zu bieten. Der Hof ist zwar keine offizielle Kontrollstelle, dennoch kehren wir hier ein und stärken uns mit frischer Milch und Butterbroten.

Mit den Kontrollstellen haben die Organisatoren des Wanderweges eine oft schwierige Sache erleichtert: die der Verpflegung. Täglich kommt man an zwei bis drei Kontrollstellen vorbei, immer in Gasthöfen oder später in Berghütten. Wir haben uns deshalb ganz darauf verlassen und richten unsere Essenszeit jedesmal nach einer dieser Stationen. Unnötiges Mitschleppen von Proviant fällt weg, und das ist sehr angenehm, insbesondere für unsere wundgeriebenen Schultern. Peter und Michael legen sich schon Schaumgummistücke zwischen Riemen und Schultern, weil die Rucksäcke auch ohne viel Verpflegungsballast noch genug drücken.

Das schönste Stück des Tages gehen wir nach dieser Rast an: die Überquerung des Schweins-(oder Schweinz-)Berges. Es ist später Nachmittag, die Sonne steht schon tief und schickt milde Strahlen zwischen den Bäumen hindurch. Solche Strecken sind immer die schönsten, da ist jeder Schritt ein Genuß, wenn man ohne Hast ansteigt, vorbei an Himbeerschlägen und Ameisenhaufen, über den weichen Boden, auf dem es sich so leicht gehen läßt. Unzählige Bienen erfüllen die Stille mit ihrem Gesumm, Waldpflanzen gibt es in Menge, vor allem an den lichteren Plätzen.

tionen zum Frühlingslied schlechthin geworden ist und dessen »wohlbekannte Düfte« und »leiser Harfenton« zu immer den gleichen allzu naheliegenden Späßchen reizen. Peter verfremdet es überraschend nicht in die anale, sondern in die technische Ebene: »Horch, von nah ein lauter Brummerton, was wird's anders sein als ein Mikrophon.« Da fällt mir der Bauer mit den Äpfeln ein, der uns bei Sankt Leonhard entgegenkam, mitten im Nieselregen, wir in unseren Pelerinen und auch sonst ein bißchen zugeknöpft. Ob wir bis Eibiswald gehen würden? Ja. Das Wetter

Schloß Plankenstein

würde bald besser werden, zeigte er auf den Himmel. Und dann schenkte er uns Äpfel und rühmte, wie sie gegen den Durst helfen und daß wir schon daran denken werden, was er gesagt hat, wenn wir sie essen. Das erinnert mich an den Mormonen 1952 in Independence. Der hatte mich in ein Gespräch verwickelt über das wahre Christentum und die letzten Tage. Und als ich mich endlich von ihm losgemacht hatte, rief er mir nach: »Wir sind uns begegnet, und nun werden wir immer aneinander denken.« – Ein raffinierter Trick.

Bald erreichen wir den Grasgipfel vom 607 Meter hohen Schweinsberg, von dem aus die Sicht nach Norden bei klarem Wetter hervorragend sein soll; wir sehen heute allenfalls noch die Ortschaften im Tal und die Hügel, von denen wir gerade kommen. Der Jauerling und die Berge am Donau-Nordufer liegen in dichtem Dunst.

Der Abstieg auf der anderen Seite des Berges geht ziemlich schnell, nicht zuletzt dank unseres Komikers Peter, den wieder einmal ein Höhenkoller (so hoch sind wir doch gar nicht oben!) gepackt hat und der uns durch seine Blödeleien à la Valentin immer wieder zum Lachen bringt.

Das Gelände auf der Südseite des Schweinsberges ist sehr übersichtlich, schon von weitem kann man an einer gegenüberliegenden Anhöhe den Kirchturm von Plankenstein aus dem Wald herausragen sehen. Der Weg scheint noch recht weit zu sein, erweist sich dann aber als viel kürzer, denn der Abstieg ist leicht, die Gegensteigung nach Plankenstein hinauf zwar sehr steil, aber kurz.

Als wir durch den stillen Wald aufsteigen, dämmert bereits der Abend. Wir malen uns aus, wie romantisch es sein müßte, am Abend, in der Dämmerung oder gar schon bei einbrechender Dunkelheit zu wandern, wenn man sich dabei nur nicht zu leicht hoffnungslos verirren könnte.

Wir haben uns heute sehr viel Zeit gelassen und sind erst kurz vor sieben Uhr in Plankenstein. Man betritt den Ort gleich neben dem Schloß, das allerdings eher an eine Burg erinnert. Das verfallende Bauwerk wird zur Zeit, wie wir selbst feststellen können, ausgebessert und renoviert.

Unsere heutige Herberge, das Gasthaus Gertrude Grassmann, liegt direkt gegenüber der Wallfahrtskirche Maria Schnee am Ortseingang. Dieses Gästehaus ist für uns, besonders für uns drei Buben, einmal etwas ganz anderes, weil wir hier sehen können, wie es noch vor vierzig oder sechzig Jahren fast überall in den Häusern ausgesehen hat. Unser Zimmer mit Blick auf die Burg, am Ende eines unbeleuchteten knarzenden Ganges, ist mit schweren dunklen Möbeln aus dem vergangenen Jahrhundert eingerichtet, mit großen Betten und, was das beeindruckendste ist, mit Waschtisch und Waschgeschirr. Es fehlt eigentlich nur noch der Nachttopf!

Eine alte Frau bringt uns in großen Eimern heißes Wasser; wir genießen das Leben der Großväterzeit – und nachher herrliche Palatschinken. Wie immer halten wir uns beim Abendessen nicht zurück. Die österreichische Küche ist ja auch sehr gut, uns allerdings nicht unbekannt, denn unsere Oma kocht zu Hause auch gerne österreichisch.

7. Tag

Donnerstag, der 12. 8.

Heute steht uns wieder ein ziemlich langer Tag bevor, 34 Kilometer, für die nur neun Stunden Gehzeit angegeben sind. Dabei müssen wir größere Erhebungen überqueren – man kann durchaus schon Berge dazu sagen. Dreimal müssen wir aufsteigen, insgesamt 1300 Meter an Höhe gewinnen, dreimal wieder hinunter in Täler, in das von Sankt Anton, das des Erlaufflusses und das von Lackenhof, insgesamt wieder 1100 Meter hinab. Charakteristische Merkmale der heutigen Wanderung sind wieder ausgedehnte Wälder; die Besiedelung wird dünner, und die Alpen kündigen sich langsam an mit Almwiesen, kleinen Berghütten und glockenläutenden Kuhherden.

Wir stehen wieder sehr früh auf, denn Morgenstund hat nun mal für den Wanderer besonders viel Gold im Mund, auch wenn der Frühnebel heute sehr dick ist. Vermutlich liegt das daran, daß wir nun schon um so viel höher sind als im zu dieser Jahreszeit nebelarmen Donau- und Waldviertelgebiet (als solches haben wir es jedenfalls erlebt).

Der erste Berg stellt beim Aufstieg keine nennenswerten Schwierigkeiten dar, es geht ganz gemütlich hinauf zum Schindelegg, zuvor entlang dem Statzberg, auf breiten, nicht zu verfehlenden Wegen. Gelegentlich passieren wir Bergbauernhöfe, einzeln dastehend oder in Gruppen, manchmal sogar völlig einsam und unheimlich im kühlen Grau des Morgens. Wenn man die Höfe im Vorbeigehen etwas genauer betrachtet, dann kann man von Hof zu Hof sehen, wie das Leben überall langsam erwacht. Die ersten liegen noch ganz still schlafend da, zehn Minuten später, beim nächsten Bauernhaus, treibt ein verschlafen dreinschauender Bauer sein Vieh aufs Feld, und wieder einige Zeit später ist bereits eine ganze Familie mit Traktor und Heuwagen unterwegs.

Wir gehen nur ein kleines Stück unterhalb des Schindeleggipfels vorbei, ohne daß wir diesen wahrnehmen, Nebel und Wald sind zu dicht. Bald kommen wir zum Rainstein, von dem man bei guter Sicht »prächtige Fernblicke genießen« können soll – wir haben damit bisher leider kein Glück gehabt. Von hier führt ein kleiner Pfad abwärts, wieder durch den Wald, und dann entlang des Bodingbachs hinunter nach Sankt Anton an der Jeßnitz. Die Kontrollstelle liegt ein Stück außerhalb des Ortes, vielleicht einen halben Kilometer; von Sankt Anton selbst sieht man hier nichts.

Lackenhof, 12. August

Wer spricht von siegen, überstehn
ist alles . . . Heute ist bei uns Rilketag.
Aber dieser Rilkevers stand für mich
wie eine »Belsazarschrift« – so nennen
wir im Fernsehen jene eingeblendeten
Schrifttexte, die nur der Ansager oder
Sprecher sehen kann – über der Landschaft am Fuße des Ötscher. Der Heurige
von gestern, der das Wanderlatein
so beflügelt (übrigens eine seltenere
Sprache als das Jäger- und Schifahrerlatein), muß erst einmal herausgeschwitzt
werden. Der alten Plaudertasche mit
dem wettergegerbten Gesicht habe
ich übrigens aufs Wort ihre 68 Jahre
geglaubt und auch, daß sie den Halbtausender quer durch Österreich nun
schon zum zweiten Male macht. Die
drei Wanderdamen sprachen auch
ungeniert, fast stolz darüber, daß sie
jeden Schilling umdrehen müßten.
Aber als ich sie zum Wein einlud,
nahmen sie es nur unter der Bedingung
an, daß sie sich revanchieren dürften.
Und so gab bald ein Glas das andere.
Die Wirtin tat mit. Ich war der Hahn
im Korb, kam mir eher vor wie das
Küken unter munter gackernden Glucken.
Eine einmalige, für mich erstmalige
Zecherrunde. Jetzt habe ich den Brumm-

schädel als Erinnerung an dieses Hüttenfest.
Der Himmel ist verhangen. So muß ich wenigstens nicht dauernd fotografieren, tröste ich mich. Die Kinder sind immer ein paar hundert Meter voraus. Das ist nicht gerade ermutigend für einen Nachzügler. In Sankt Anton an der Jeßnitz gehen wir im Gasthof Pochhacker »stempeln«. Dann kommt der Naturschutzpark naturverschleiert. Man rühmt seine Schönheit. Kameramann müßte man sein, dann dürfte man warten, bis das Wetter danach ist, aber als Urlauber kann man sich solchen Luxus nicht leisten. Auf der Hochberneckhütte Fisolensuppe – das Einfachste ist so oft das Beste.
Ich bin neugierig auf den Rilketest. Im Reichsarbeitsdienst hatte mich ein »Arbeitsführer« nach meinem Lieblingsdichter gefragt. Ich nannte aus Daffke Rilke. »Sie Dekadenzler«, überraschte er mich mit einer Art von Wissen. Rilke als Dichter der fünfziger Jahre. Es paßte in den Nachkriegsexistentialismus. Heute? Eine kleine Renaissance gab es beim hundertsten Geburtstag im letzten Jahr. Auch die neue Romantik der siebziger Jahre kommt ihm entgegen.

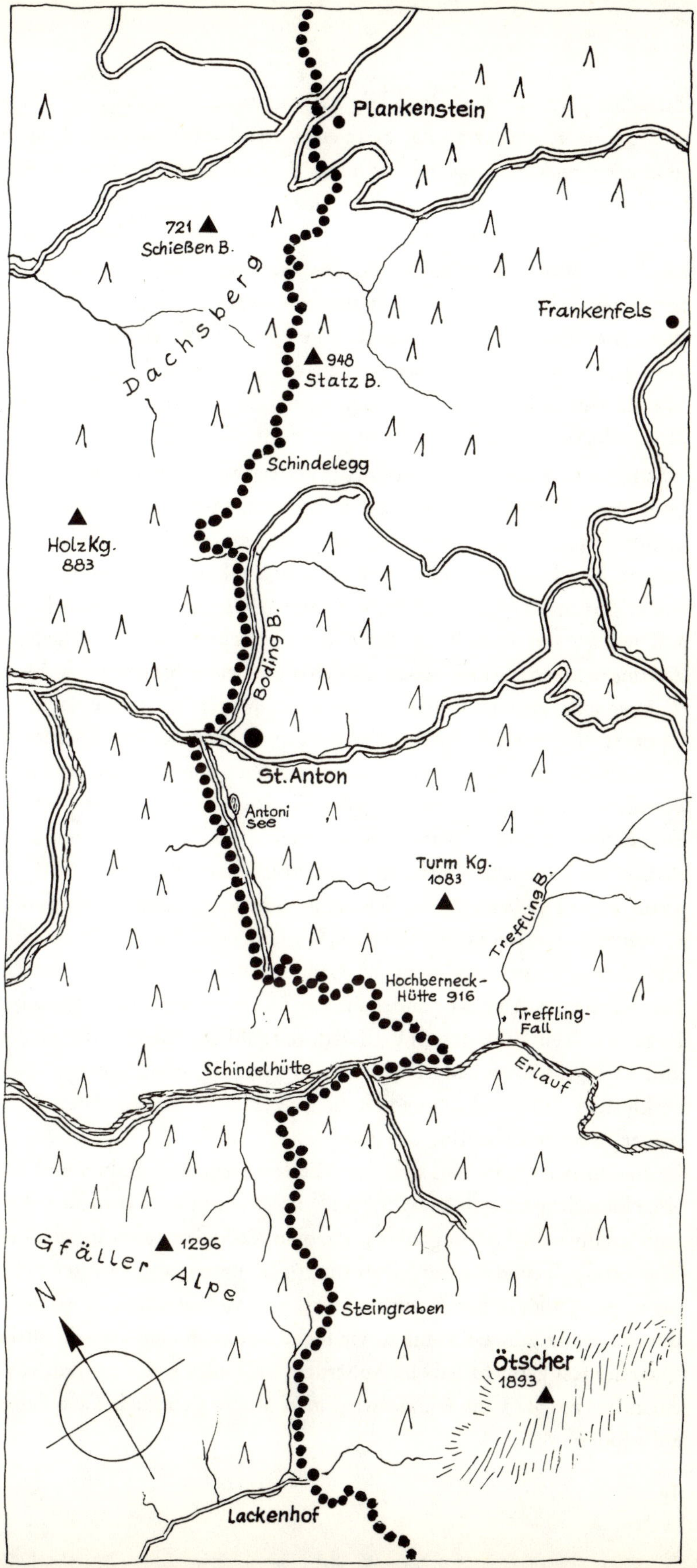

Zunächst geht es noch runde vier Kilometer auf einer Asphalt-Bergstraße hinauf, wieder an der Seite eines Bergbaches, der uns freilich jetzt entgegenkommt, sich kurz hinter Sankt Anton im winzigen Antonisee staut und herrlich frisches, klares Wasser mit sich führt. Mit dem Trinken sind wir allerdings nach Michis schlechten Erfahrungen sehr vorsichtig geworden. Seltsamerweise strengt uns die Teerstraße heute gar nicht so an; vielleicht sind wir jetzt bereits genügend trainiert, die Beine richtig ans Wandern gewöhnt. Oder vielleicht liegt es zum Teil auch daran, daß wir heute ein – in unseren Augen – ideales Wanderwetter haben: kein Regen, kein Nebel mehr, aber bewölkt, also nicht heiß, eher sogar frisch und kühl.

Nach dem Verlassen der Straße durchwandern wir erst einen kleinen Talgrund und dann schon die erste richtige Almwiese, der in den kommenden Tagen viele weitere folgen werden. Sehr müssen wir nicht mehr steigen, es geht größtenteils wieder durch Wald, auf guten Wegen, die einem Zeit zum Träumen lassen. So kommen wir zum Hochberneck hinauf, wo wir uns zunächst in der Hütte mit heißer Suppe und heißem Zitronenwasser stärken – das sind sicher die besten Sachen bei kühlem Wetter, außerdem kräftigen sie, ohne den Magen zu strapazieren.

Es heißt, daß wir bei klarem Wetter vom Rücken des Hochbernecks – wieder einmal – weit sehen könnten, hätten wir nicht unser »ideales Wanderwetter«! Anstelle von eigenen Eindrücken soll deshalb hier ein kleines Stück aus dem Wanderführer folgen, das mit österreichischem Pathos die Landschaft recht eindrucksvoll beschreibt:

»Von diesem Gelände bietet sich ein grandioses Panorama! Ringsum, soweit das Auge reicht, ein Meer von Gipfeln, eine Welt der Berge, einsam überragt von der Gestalt des Großen Ötschers (1893 m), der die Landschaft des Alpenvorlandes bis zur Donau prägt und beherrscht. Es zeigt sich ein Bild, dessen Vielfalt durch zahllose Kleinmotive belebt und harmonisch gegliedert wird ... In der Tiefe erblicken wir stark zerklüftete Täler und schließlich die Felsschlucht der Vorderen Tormäuer, wo der Erlauffluß schäumt ...

In diesem Naturpark soll sich der Wanderer länger aufhalten und die einzelnen Schönheiten besichtigen, wie: Naturpfad, Tormäuer, Erlaufdurchbruch, Trefflingfall (ca. 100 m in Kaskadenstufen abfallender Wasserfall), Teufelskirche (ein turmartiger, unten ausgehöhlter Felsturm, ein geologisches Naturdenkmal) und vieles andere ...«

Diese Besichtigungen können wir nicht unternehmen, da wir unser Quartier fest gebucht haben. Außerdem liegt alles weit verstreut auseinander, abseits vom Wanderweg, man müßte sicherlich Tage dafür aufwenden.

Aber wahrscheinlich erlebt man seine Gedichte intensiver beim Spaziergang im Park mit einer geliebten Frau, einer Gräfin gar. »Herbst« – Die Blätter fallen, fallen wie von weit, als welkten in den Himmeln ferne Gärten ... und doch ist Einer, welcher dieses Fallen unendlich sanft in seinen Händen hält.« Oder: »Jetzt reifen schon die roten Berberitzen, alternde Astern atmen schwer im Beet ...« Das ist nicht gerade Wanderrhythmus und Rucksackromantik. Da eher schon in Kontrast und Kontrapunkt »Der Panther«:

Sein Blick ist vom Vorübergehn der Stäbe
so müd geworden, daß er nichts mehr hält.
Ihm ist, als ob es tausend Stäbe gäbe
und hinter tausend Stäben keine Welt.

Der weiche Gang geschmeidig starker Schritte,
der sich im allerkleinsten Kreise dreht,
ist wie ein Tanz von Kraft um eine Mitte,
in der betäubt ein großer Wille steht.

Stift Melk

Nur manchmal schiebt der Vorhang der Pupille sich lautlos auf –. Dann geht ein Bild hinein, geht durch der Glieder angespannte Stille – und hört im Herzen auf zu sein.

Das um seine Freiheit gebrachte Tier mit seiner gewaltigen und doch zur Sinnlosigkeit verurteilten Kraft macht uns unsere Freiheit bewußt, nicht nur die Freiheit von Büro und Schule, sondern auch die Freiheit des Ausbrechens aus den Fesseln der Gewöhnung, der Bequemlichkeit, selbst des zur Routine gewordenen Essens.
Das Essen hier ist gut gemeint, aber schwer verdaulich, mehr Fett als Fleisch, mehr viel als gut. Aber schließlich müssen sich Magen und Darm genauso an die neue Lebensform gewöhnen wie die Füße.

Der Ötscher bei Mariazell

Aber ein schönes Naturschauspiel erleben wir heute doch noch. Nachdem wir vom Hochberneck ins Erlauftal abgestiegen und hinter der Schindelhütte nach einer kurzen Rast zum Steingrabenkreuz in Richtung Lackenhof aufsteigen, wird der Himmel etwas heller, der Ötscher präsentiert sich in seiner vollen Schönheit. Ein breiter, mächtiger Berg ist der »König des Voralpenlandes«, bis zu einer gewissen Höhe bewaldet, dann kann man von weitem riesige Geröllfelder erkennen, dazwischen manchmal hellgrüne Streifen, Almwiesen vermutlich, und dann auch riesige Felsen.
Am Fuße des Ötscher (das Ötschermassiv unterteilt sich in die kleineren Berggipfel Schwarzer Ötscher und Kleiner Ötscher sowie den eben beschriebenen Großen Ötscher, an dem wir morgen ein großes Stück hinaufsteigen werden) liegt Lackenhof, das wir von der Schindelhütte aus in weniger als zwei Stunden – drei Stunden waren angegeben – erreichen; es ist, als wären wir gerannt, wir sind aber nicht einmal besonders angestrengt. Der Weg war auch, leicht bergab, sehr bequem, und dazu noch Rilke ...
Lackenhof liegt ziemlich verstreut ohne erkennbaren Ortskern, besteht aus vielen – außer Betrieb scheinenden – Pensionen und Gasthöfen. Des weiteren existieren Sessel- und Schleppliftstationen; man sieht deutlich, daß dieser Ort fast ausschließlich von Wintersport und Tourismus lebt.
Es gibt zwar noch andere Gasthäuser, aber wir müssen wegen der Wanderstempel ja sowieso bei der »Jausenstation Digruber« einkehren. Als wir das Abendessen bestellen wollen, muß Herr Digruber gestehen, daß er an so etwas »nicht gedacht hat«, er habe schließlich nur eine Jausenstation. Als er dann merkt, daß Papa ärgerlich wird, und er sieht, wie hungrig wir sind, verspricht er, für ein reichliches Abendessen zu sorgen. Was dann kommt, ist überwältigend: jeder erhält einen Riesenteller mit jeweils zwei gigantischen Schnitzeln und einem Berg Kartoffelsalat dazu. Normalerweise bringen wir ja immer ganz schöne Mengen hinunter, aber heute hat es am Ende nur der Schnitzelspezialist Michael geschafft, alles aufzuessen. Das übriggebliebene Fleisch wickeln wir in Servietten und nehmen es als Proviant für morgen mit.

8. Tag

Freitag, der 13. 8.

Wir sind ja nicht abergläubisch, aber vielleicht ist es doch nicht bloß Zufall, daß ausgerechnet »Freitag, der dreizehnte« uns noch lange Zeit in teilweise ziemlich übler Erinnerung bleiben wird. Doch das muß der Reihe nach erzählt werden.

Den Anfang des Marsches bildet der Aufstieg im Morgennebel hinauf auf den Riffelsattel, der Verbindung zwischen Großem und Kleinem Ötscher, 1284 Meter hoch. Da sind 500 Meter zu steigen, und zwar größtenteils durch dunklen Wald; dieser muß vor nicht allzu langer Zeit von einem fürchterlichen Sturm heimgesucht worden sein. Zahllose Bäume aller Art, teilweise mit mächtigen Stämmen und dichten Ästen, viele noch mit grünem Laub, liegen entwurzelt am Boden und versperren den Weg. Ein trauriger Anblick, die stolzen Waldriesen so dahinsterben zu sehen, vollkommen nutzlos, als wären sie in einer Schlacht gefallen. Mühsam müssen wir unter den Stämmen durchkriechen oder uns zwischen Ästen und Zweigen einen Weg bahnen und sind in Kürze völlig verdreckt.

So gelangen wir allmählich zum Riffelsattel, dann über nasse Wiesen leicht bergab. Der Nebel wird immer dichter. Es beginnt zu regnen, ein Sturm fegt vom Tal herauf, der unsere »Patentregenmäntel« – eigentlich als Fahrrad-Regencapes gedacht, außerdem weisen sie alle schon Risse auf – dauernd hochbläst, so daß sie uns fast keinen Schutz mehr bieten. Der Nebel im Gebirge hat seine ganz eigentümlichen Reize. Man sieht keine zwanzig Meter weit, ist eingeschlossen von einer optisch direkt warm wirkenden, hellgrauen, beweglichen Wand. Dies fühlen wir besonders eindrucksvoll beim Aufstieg zur Gemeindealpe und zum Terzerhaus, der über mehrere kahle Hügel führt.

Wir sind ein bißchen niedergeschlagen, weil wir ja damit gerechnet haben, nach drei Stunden oben zu sein, nachdem die Gesamtgehzeit bis Mariazell mit nur sechs Stunden angegeben ist. Plötzlich sehen wir ein Stück über uns aus dem Nebel ein größeres Haus auftauchen. »Endlich! Das Terzerhaus!« freuen sich die beiden Kleinen, aber weit gefehlt: Ein Mädchen, das gerade aus der Tür herauskommt, sagt uns, daß wir noch mindestens eine Stunde dorthin zu gehen hätten. Und das, nachdem wir seit Lackenhof nun schon bald fünf Stunden unterwegs sind. Die Unsicherheit, die einen in einer solchen Situation be-

Mooshuben, 13. August

Also ans Tagebuch. Hoffentlich kann Peter schlafen, nun hat die »Augustkrankheit« ihn erwischt. Die Luft in der Gaststube ist rauchgeschwängert. Eine wepsige Tschechin führt das Wort. Gerade habe ich unten mit Putzkübel und Haderlumpen die Bescherung des Jüngsten wieder beseitigt. Eltern haften für ihre Kinder. Für mich ist es trotzdem ein ganz neues Vatergefühl, eine Art »Erstbesteigung«. Es ist gar nicht so schwierig. Schnell sich überwinden, fest den Atem anhalten, möglichst rasch wischen, nachher mit viel Wasser nachspülen. Und zur Belohnung einen Enzian – auf die Frauen, denen wir ja diese Arbeit wie selbstverständlich zu überlassen pflegen.

Der Tag läuft wie in Filmspots durch den trotz weher Beine aufgeregt wachen Kopf. Wie uns die alte Digruberin beim Frühstück bemuttert, als müßten wir in den Krieg. »Bis Mooshuben?« So ein Verrückter aus dem »Reich«, mag sie sich denken. Jetzt weiß ich ja, daß uns der »Wanderführer« beschwindelt hat. Dann am Riffelpaß

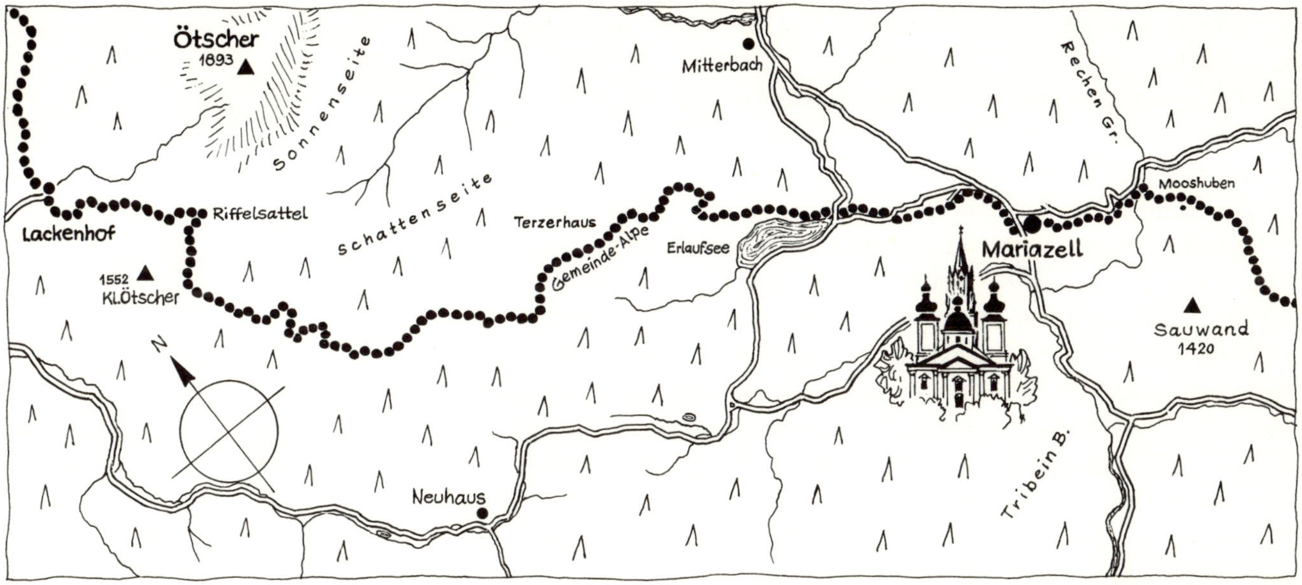

das Schlachtfeld der Waldriesen, ein durch Sturm verwüsteter Wald, ein majestätisches Bild der Zerstörung. Regen und dichter Nebel bei der Gratwanderung unter der Gemeindealpe. Die beiden Kleinen verläßt der Mut, sie möchten umkehren zu dem Almhaus, an dem wir vorbeigekommen waren. Der Vater ist stur, stapft stumm voraus, halbnackt, die Markierung mit Augen und Seele suchend. Endlose Minuten, weil jeder Schritt gleich ist ins Ungefähre, Verhüllte, Ungewisse. Dann plötzlich die Schemen einer Baustelle, die Stimme eines Arbeiters, sein Hinweis, daß gleich hier das Terzerhaus steht. Dann eine Ausgelassenheit, wie ich sie sonst nur nach bangen Minuten im Flugzeug erlebt habe, die Erde hat uns wieder, dieses Glücksgefühl »Wieder-unter-Menschen-sein«, denn eine solche Wanderfamilie oder Wandergruppe wird zu einer Monade, zu einer Einheit, für die erst jeder andere Mensch »die Gesellschaft«, ja sogar »die Welt« ausmacht. Dann reißt der Nebel auf über Mariazell, über Mitterbach, über dem Erlaufsee.

fällt, kann ich schwer beschreiben. Man hat immer ein bißchen Sorge, daß man sich im Nebel hoffnungslos verlaufen wird oder es gar schon getan hat, da ja fast jegliche Orientierungsmöglichkeit fehlt. Zum Glück ist die Markierung einigermaßen gut, so daß wir uns nicht ganz verlassen vorkommen. Trotzdem ist dem Petzi der Mut so weit gesunken, daß er nur noch recht mißvergnügt hinterdrein stapft und mit seinem Schicksal hadert.

Der Wind peitscht uns die kalten Tropfen ins Gesicht, es gibt keine schützenden Bäume, nur kleine Latschengruppen, die teilweise über den Weg wuchern, sich mit den gegenüberliegenden Pflanzen verflechten und jetzt voller Wassertropfen hängen. So werden die Hosenbeine völlig durchnäßt und kleben als unangenehm hinderliche Lappen an den Beinen.

Gespenstisch tauchen immer wieder einzelne Bäume im Nebel auf, kleinere schwarze Baumgruppen, verschwinden wieder. Das Läuten der Kuhglocken ist überall deutlich zu hören; häufig sieht man die Tiere dann auch, wie sie stumm, Regen und Wind gegenüber gleichgültig, triefend dastehen und uns wiederkäuend mit großen Augen nachschauen.

Auf einmal haben wir doch die Markierung verloren, zum Glück bemerken wir aber einen Zaun, dahinter einen Bagger, und ein Stück weiter sogar eine Bauhütte, in der Licht brennt; ein tröstlicher Hinweis auf Menschen, die uns Rat geben können. Auf unsere Frage nach dem

Terzerhaus deutet ein Arbeiter in den Nebel: 50 Meter! Wir hätten es nicht gesehen.
Der Fehler des Wanderführers ist, das erfahren wir beim Aufwärmen und Essen im Terzerhaus, daß er statt für die Strecke Lackenhof–Terzerhaus für den ganzen Weg von Lackenhof bis Mariazell sechs Gehstunden in Aussicht stellt. Dabei sind es von hier oben – das Haus liegt in 1626 Meter Höhe direkt unter dem Gipfel der Gemeindealpe – bis hinunter nach Mariazell noch weitere drei Stunden. Des weiteren fehlt die Beschreibung für den Abstieg nach Mariazell, vielleicht deshalb, weil hier der Wanderweg über die niederösterreichisch-steirische Grenze läuft und sich die Sektionen der beiden Bundesländer jeweils nicht zuständig fühlten, die Wegbeschreibung zu übernehmen. So ist sie dann schließlich ganz unter den Tisch gefallen. Der nichtsahnende Wanderer hat damit ungeahnte Schwierigkeiten, vor allem im Nebel. Dabei haben wir jetzt auch wieder einmal Glück, denn nach unserer langen Rast hat sich der Nebel aufgelöst; die Sonne scheint, und wir haben vom Grat der Gemeindealpe eine herrliche Sicht hinunter ins Tal, wo winzig zwei Orte liegen, Mitterbach und Mariazell, davor ein kleiner, blauer, etwas länglicher Fleck, der Erlaufsee, an dem der Weg vorbeiführen soll und in dem man auch baden könnte. Könnte! Obwohl wir Ort und See direkt unter uns sehen und die Richtung genau wissen, geraten wir kurz darauf in ein Chaos: Skipisten werden ausgeholzt und eine Lifttrasse angelegt, aber eine Wegmarkierung ist nicht mehr zu finden. So benutzen wir einen Pfad, der uns richtig erscheint, der sich aber bald im tiefen Gras einer Wiese verliert. Daraufhin gehen wir einfach bergab, querfeldein durch nasse Wiesen.
Wir wissen natürlich längst, daß wir nicht auf dem Weg zum Erlaufsee sind, aber es geht so schön bequem und leicht dahin – die Gipfel der steirischen Berge im Süden sind eingehüllt von bizarren, schneeweißen Wolkengebilden –, so daß wir es lieber darauf ankommen lassen, wo wir herauskommen werden. Schließlich kommen wir nach Mitterbach, gar nicht so weit von Mariazell entfernt, aber dafür gibt es – wieder einmal – keine andere Verbindung dorthin als die Straße, und das auf einer Länge von ungefähr fünf Kilometer. Das heißt also, daß wir die nächste Stunde mit einem so unbeliebten »Landstraßenhatscher« verbringen werden. Als man die ersten Häuser von Mariazell bereits sieht, können wir schließlich die Straße verlassen und auf einem Reitweg, bevölkert keineswegs von Pferden, sondern von meist älteren Spaziergängern, durch einen lichten Mischwald in den ziemlich großen Ort einziehen. Von weitem schon ist die berühmte Kirche mit ihren drei Türmen zu sehen; wir wollen sie uns später noch anschauen.

Wer immer von oben her an diesem Tag Regie geführt hat und die Bühne gebaut, verdient einen Preis. Ich übernehme die Rolle des Novalis. Nicht nur, aber auch wegen Mariazell. Nicht nur, aber auch weil übermorgen das größte Marienfest gefeiert wird, die Himmelfahrt. Die Hardenbergs haben mit vielen bedeutenden Männern und Frauen gezeigt, was Zucht, Selbstzucht, Familienzucht sein kann. Dieser Friedrich Hardenberg, der sich als Dichter Novalis nannte, ist um ein Stück größer als seine politischen Verwandten, auch wenn er schon dreißigjährig starb.
Er hat einer trotzig protestantisch-antimarianischen Welt über die Mutter des Jesus wieder ein wenig den Blick für die Frau geöffnet. »Naiv« nennt mancher großzügig herablassend seine Marienlieder. Wer genauer hinschaut, erkennt sie im doppelten Sinne des Wirklichen und Überwirklichen, als Lieder für seine Braut und für die Frau als Inbegriff von Reinheit, Würde, Geborgenheit.

Ich sehe dich in tausend Bildern,
Maria, lieblich ausgedrückt,
Doch keins von allen kann dich schildern,
Wie meine Seele dich erblickt.

Schon wenn man den Ort betritt, ist deutlich zu merken, daß die Einheimischen von Bedeutung und Ruf des Wallfahrtsortes nicht schlecht profitieren. Überall Hotels, Cafés, gepflegte Parks und Promenaden – auf einer davon kommen wir in den Ort – und viele Fremde. Jetzt, vor dem Marienfeiertag, herrscht Hochbetrieb. Um die Kirche herum drängt sich ein ganzer Markt mit Buden und Andenkenständen, in denen überall das gleiche verkauft wird. Bei der Masse der Besucher scheinen jedoch alle ihr Geschäft zu machen.
Die Marienkirche bildet den optischen und geistigen Mittelpunkt Mariazells. Um den eigenartigen Mischbau, dessen ursprüngliche Form aus der Gotik stammt, wovon auch der spätgotische Mittelturm zeugt, der dann durch die beiden barocken Außentürme erweitert wurde, scharen sich dicht gedrängt die meisten Geschäfte und Läden; die Straßen sind voller Menschen.
Prächtig ist besonders das Innere der Kirche. Ständig werden Messen gehalten, stets drängen sich Hunderte von Wallfahrern und Pilgern kniend im Gebet vor den zahlreichen Altären und Gräbern. Der wichtigste Altar ist der älteste, im Zentrum stehende Marienaltar, die »Magna Mater Austriae«, ein altes romanisches Kunstwerk, das der Legende nach im zwölften Jahrhundert ein Mönch errichtete, aus Dank für ein Wunder, das ihm widerfuhr.
Als die Sonne schon knapp über den Berggipfeln steht, treten wir den Weg nach Mooshuben an, und als wir im Gasthof Steinacher ankommen, haben wir den Sonnenuntergang erlebt, ein glühendes Abendrot über den Bergen gesehen, das die Hänge darunter ganz tiefschwarz erscheinen ließ, und sind das letzte Stück durch dämmerigen, abendlich stillen Wald gegangen.
Auf dem letzten Wegabschnitt sind wir bereits alle etwas angeschlagen, spüren vor allem Beine und Gelenke – die Kniekehlen – und schleichen praktisch nur noch vor uns hin. Michi, der zwar selber genauso müde ist, möchte den anderen Mut machen und springt lustig vor uns herum, trägt zeitweise den Rucksack von Peter und ist eben so aufgelegt, wie er meistens ist: »Wenn ich in die Schule muß, bin ich froh, wenn ich daheim bleib, bin ich froh; ach, ich bin eigentlich immer froh!«
Am Abend fühlt sich Peter immer mieser – die »Augustkrankheit« hat diesmal ihn erwischt, sogar noch stärker als seinerzeit den Michael, und nachdem er das Klo des Gasthofes unbetretbar gemacht hat, erzählt er nicht einmal etwas von seinem Mißgeschick. Typisch Peter! Jedenfalls wird deshalb die morgige Tour, die wir auf elf bis zwölf Stunden veranschlagt haben, ausfallen müssen.
Freitag der dreizehnte – und da soll man nicht abergläubisch werden!

Ich weiß nur, daß der Welt Getümmel
Seitdem mir wie ein Traum verweht,
Und ein unnennbar süßer Himmel
Mir ewig im Gemüte steht.

Über Maria läßt sich unendlich lang sinnieren, wenn man damit Sinn suchen meint oder Begegnung mit dem Mythos, mit dem Willen zur Geburt und mit der Hoffnung, daß Gott wiedergeboren werde.
Schon sind wir in Mariazell, der »magna mater Austriae«, die richtiger die »magna mater Hungariae« heißen sollte, da ein Ungarnkönig an der Wiege dieses Gnadenortes steht. Dieser Jahrmarkt zu Unserer Lieben Frau wirkt frischer als Maria Langegg, vielleicht wegen des bevorstehenden Festes.
Der Weg nach Mooshuben deutet schon auf das hin, was eben geschah. Peter ist stumm geworden, Peter läßt sich den Rucksack tragen, Peter parodiert den Novalis nicht, Peter frißt in sich hinein.
Was alles in einem solchen Tag Platz hat, der nicht von Arbeitszeiten einzementiert ist! Die dantschige Libuša gibt mir noch ein Dobrou-noc-Busserl. Aus Dankbarkeit, daß sie ein bisserl tschechisch plappern konnte? Wie lustig ist die Wanderei!

9. Tag

Samstag, der 14. 8.

Auch am Morgen fühlt sich Peter nicht besser, und wir beschließen, alle gemeinsam nach Mariazell zurückzugehen, denn diesmal halten wir es für ganz ausgeschlossen, ihn mit seinen elf Jahren ganz allein zurückmarschieren zu lassen; wir fürchten, er könnte sich womöglich nicht zurechtfinden.
Wir wollen dann mit einem Taxi nach Seewiesen, unserem heutigen Tagesziel, und dort in dem Hotel bleiben, das uns – als einziges – rechtzeitig auf unsere Anfrage geantwortet hatte. Es ist ein besonders schöner und warmer Morgen, und es sieht ganz danach aus, als werde sich das Wetter halten. Für den heutigen Tag wäre es geradezu ideal gewesen, denn wir wollten die Hohe Veitsch mit ihren fast 2000 Metern überqueren, und sonniges Wetter ist für Hochgebirgswanderungen das günstigste, nicht nur wegen der Sicht.
Da wir nun nicht die Möglichkeit haben, das Gebiet der ersten alpinen Etappe selbst kennenzulernen, soll wenigstens der Wanderführer die Landschaft um die Hohe Veitsch ein bißchen beschreiben.
»Die herrlich gelegene Hochfläche der Mooshuben ist eine eigene, grüne, stille Welt für sich. Die steilen Abstürze der Sauwand (1421 m), des Hohen Student (1511 m) und der Tonionalpe (1699 m) umschließen sie wie eine Festung ... Der Weg ist einsam und abwechslungsreich, führt aus einem Reich der Wiesen durch die Hochwälder steiler Berge bis in den Bereich der Felsgipfel ...
Unbeschwerlich geht es bis zur Schöneben, einer Paßlandschaft zwischen Seebergstraße und Frein, die nicht zu Unrecht ihren verlockenden Namen führt. Von dort steigt der Weitwanderweg zum erstenmal scharf an ...
Von der Hohen Veitsch absteigend haben wir eines der alpinsten Stücke des Weitwanderweges vor uns, den Pfad über den Teufelskamp. Das ist die felsige und steile Südwestkante der Hohen Veitsch, durch deren Hänge geschickt eine Steiganlage gelegt wurde, wo man an Felstürmchen vorbei zum Rotsohlsattel mit der Nikolauskapelle kommt ...«
Soweit der Wanderführer.
Für uns ist der Tag ein Fast-nichts-Tun. In Mariazell sehen wir uns nach dem gemächlichen Rückmarsch die Kirche noch einmal

Seewiesen, 14. August

Vor dem Morgengrauen »Krisenrat«.
Ich fahre mit Peter nach Seewiesen,
und ihr lauft über die Veitsch. Nein,
wenn Peter es sich zutraut, gehen
wir alle, oder sonst fahren wir alle.
Peter – ein Häuferl Elend, das alles
Bewegliche hergegeben hat und nichts
Neues aufnehmen kann. So ziehen
wir in der Morgendämmerung zurück
nach Mariazell – kurz nach fünf. Ich
finde in meiner Anthologie den Andreas
Gryphius: Morgensonett. Für die Kinder
ist es wie ein Rebus, an dem sie herumrätseln und Nüsse knacken können.

Die ewighelle Schar will nun ihr Licht verschließen;
Diane steht erblaßt; die Morgenröte lacht
Den grauen Himmel an; der sanfte Wind erwacht
Und reizt das Federvolk, den neuen Tag zu grüßen.

Das Leben dieser Welt eilt schon die Welt zu küssen
Und steckt sein Haupt empor; man sieht der Strahlen Pracht
Nun blinkern auf der See. O dreimal höchste Macht!
Erleuchte den, der sich itzt beugt vor deinen Füßen!

Vertreib die dicke Nacht, die meine Seel umgibt,
Die Schmerzensfinsternis, die Herz und Geist betrübt!
Erquicke mein Gemüt und stärke mein Vertrauen!

Gib, daß ich diesen Tag in deinem
Dienst allein
Zubring! und wenn mein End und
jener Tag bricht ein,
Daß ich dich, meine Sonn! mein Licht!
mög ewig schauen!

Das Gedicht (so bilde ich mir wenigstens ein) strahlt so viel Freude aus, daß Peter sich gleich besser fühlt. Frühstück in der »Blauen Weintraube«. Dann in die Wallfahrtskirche. Am Grab von Joszef Mindszenty fällt mir ein Rundfunkkommentar von 1956 ein. Damals, im November, nach der Niederwerfung des Freiheitsaufstands, sind meine Kollegen fast alle gegen ihn gestanden. Er, der Erzreaktionär, hätte die Sache der Ungarn zerstört. Ich habe ihn mit halb gutem Gewissen verteidigt, weil er für die Freiheit eintrat. Hatte man nicht auch nach 1945 die Männer des 20. Juli von einer bestimmten Überzeugung aus als reaktionäre Aristokraten abgetan? »Mindszenty wollte sein Volk vor der sinnlosen Zerstörung menschlicher Werte schützen – nicht als Knecht der Reaktion, sondern als Hüter der Tradition«, hatte ich am 9. November 1956 im Bayerischen Rundfunk seinen westlichen progressistischen und auch christlich-progressistischen Kritikern widersprochen. – Ein Würzburger Pilgerzug erinnert mit seinen geübten Gesängen, der liturgischen Disziplin, dem »Gemeinschafts«-Sinn an ein katholisches Kirchentum deutschjugendbewegter Provenienz, dem ich selbst viel verdanke.

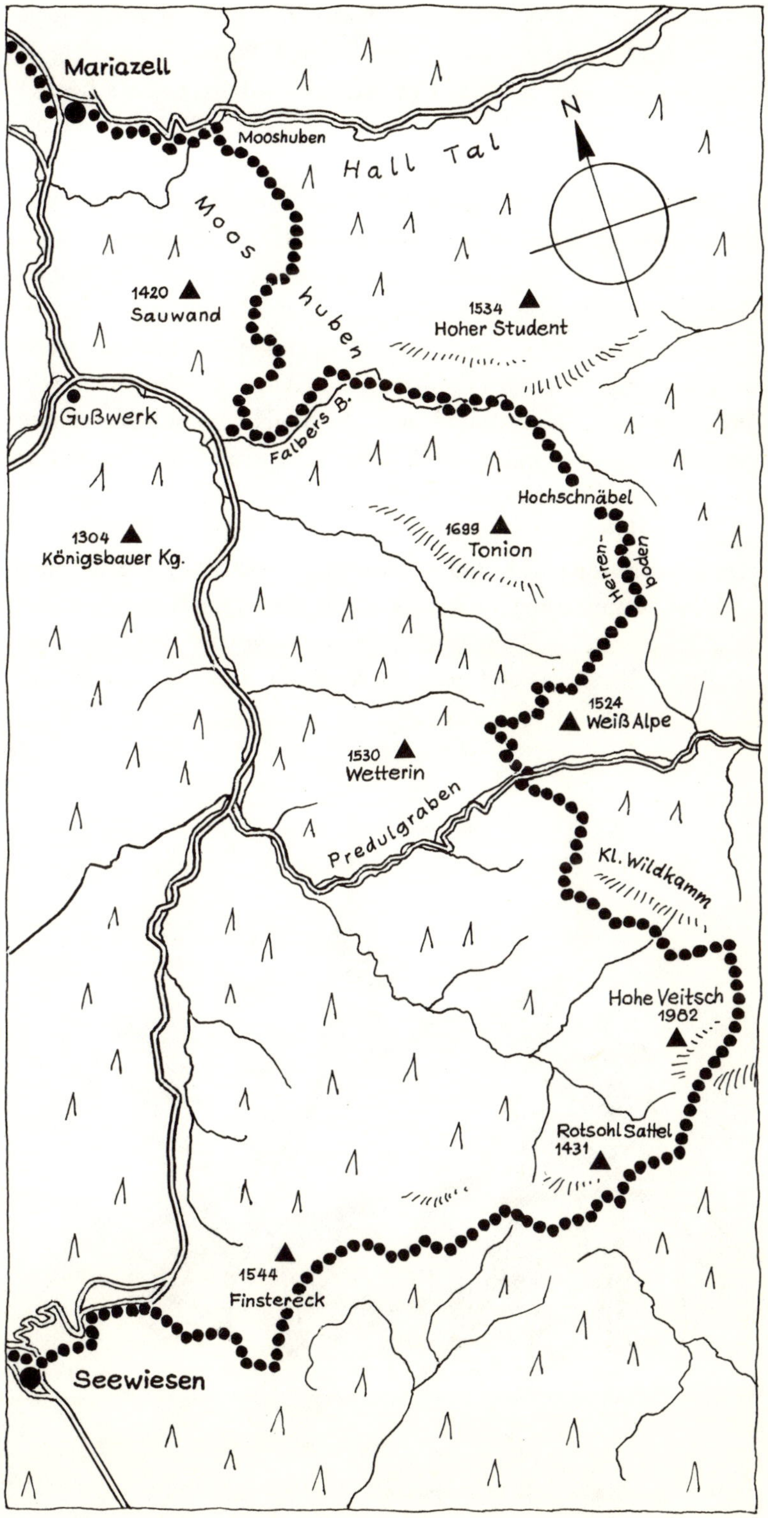

etwas genauer an. Dort werden zu gleicher Zeit mehrere Messen in verschiedenen Sprachen gelesen, unter anderem für eine ungarische Pilgergruppe am Grab des hier beigesetzten berühmten ungarischen Kardinals Mindszenty. Dann lassen wir uns von einem Taxi über die staubige Paßstraße durch das zerklüftete Land nach Seewiesen bringen. Hier pflegen wir uns den ganzen Tag über ausführlich. Am Abend ist Peter wieder ganz gesund und munter, so daß dem für morgen geplanten Zwölfstundenmarsch durch das Hochschwabgebiet zur Leobener Hütte nichts mehr im Weg steht.

Seewiesen ist ein kleines, verträumtes Alpennest inmitten der fast mittelgebirgsartig wirkenden nordsteirischen Berge, die es auf allen Seiten umschließen. Es besitzt ein kleines, über und über mit Holzschindeln getäfeltes Leonhardskirchlein, das aus der späten Gotik stammt und das zur Zeit innen renoviert wird.

Übrigens: Hier in Seewiesen sehen wir zum erstenmal unter dem Hinweis »Europäischer Fernwanderweg 6, Ostsee–Wachau–Adria« auch ein weiteres kleines weißes Schild, das schon jetzt über einen möglichen weiteren Wanderurlaub im nächsten Jahr nachdenken läßt: »Europäischer Fernwanderweg 4, Neusiedler See–Jura–Pyrenäen«.

Wir *fahren* – diesmal guten Gewissens – nach Seewiesen, da Peter eine Ruhepause braucht. Zum Kontrollstempelsklaven soll man sich auch nicht machen lassen. Da das Hotel ziemlich luxuriös ist, genießen wir den Rückfall in die Zivilisation, waschen Wäsche, schreiben Ansichtskarten, baden, telefonieren mit der Welt, tun, als hätten wir beliebig viel Zeit, machen Mittagsruh, und Peter holt zum Gegenschlag gegen den Vater aus: er schenkt der deutschen Lyrik seine Gedichte. Im Bett dichtet er »Das verlorene Leben« und die tragische Ballade »Vom Ritterlein und seinem Nachtröcklein«. Den Inhalt hält er noch geheim. Vielleicht verhilft ihm die Schreibtherapie zur Gesundheit.

St.-Leonhards-Kirchlein in Seewiesen

Der Erlaufsee,
im Hintergrund der Ötscher

10. Tag

Sonntag, der 15. 8.

Diesen zehnten Tag unseres Unternehmens werden wir noch lange deutlich im Gedächtnis behalten; er wird am Ende der gesamten Wanderung in unserem gemeinsamen Urteil auch als der schönste Tag bezeichnet werden, und er verdient es auch, es ist schlicht der Tag der Superlative. Das beginnt schon beim Wetter – heute bis auf den späten Nachmittag nur strahlender Sonnenschein – und endet bei der Landschaft mit ihren Hochgebirgsketten und vielfältigen bizarren Felsformen. Außerdem gibt es eine ganze Anzahl von Höhepunkten: wir erreichen den höchsten Punkt des NSWW, den Hochschwabgipfel (2277 m); es ist unsere zeitmäßig längste Etappe (zwölf Stunden sind angegeben, von denen wir aber – wie fast immer – einiges einsparen) und damit auch die anstrengendste.
Heute brechen wir ganz besonders früh auf. Wir sind schon vor fünf Uhr aus Seewiesen draußen, jeder nur versorgt mit ein paar Stücken unseres bewährten Traubenzuckers, der wirklich ganz gut kräftigt. Bis acht Uhr müssen wir damit auskommen, aber zur besonderen Stärkung trägt Peter seine »sehr traurigen, aber wunderschönen Gedichte« vor, die er gestern im Krankenbett gedichtet hat. Sein größtes Werk heißt: »Das verlorene Leben«.
Mit dem Auswendiglernen solch bewegender Gedichte beginnen wir den Aufstieg zur Florlhütte, zunächst durch das Seetal, das einen Einschnitt zwischen den ersten beiden Gipfelketten des Hochschwabmassivs bildet, rechts im Norden die Aflenzer Staritzen und die Mitteralpe im Süden, alle mit Gipfeln um die 2000 Meter, während wir uns zur Zeit gerade halb so hoch befinden.
Nachdem der dünne, milchig weißgraue Morgennebel sich bald ganz aufgelöst hat, liegt die Pracht der Felsriesen im milden Morgenlicht vor und über uns. Steil fallen die Berghänge zu allen Seiten ab, nur wenig von dichtem und hohem Wald bewachsen, meist sind es hellgrüne Matten, Almwiesen mit vielen bunten Alpenblumen, oder Latschen- und Zwergkieferwäldchen ziehen sich dunkelgrün, fast schwarz, die Abhänge hinauf. Die Sonne steht uns direkt im Rücken, sie leuchtet das gesamte Seetal aus, kein Berg wirft einen Schatten darauf.
Schon ein gutes Stück vor der Florlhütte beginnt der Weg zu steigen, erst leicht, bald immer stärker. Solange wir noch nicht allzu hoch hin-

Leobener Hütte, 15. August

Dieser Himmelfahrtstag hat uns ein neues Stück Wandererfahrung gebracht. Eine Hütte ohne elektrisches Licht, aber auch ohne Wasser und von ihm abhängige Einrichtungen. Da sitze ich nun unter der Gasfunzel und lasse den Tag ablaufen, den längsten von allen.
Die Hüttenwirtin hat ein Gesicht, aus dem das Lachen herausgestorben ist, fast jedes Gefühl. Sie ist bemüht um die Gäste, sie ist aufmerksam. Bei aller Primitivität soll nichts fehlen, was gegeben oder getan werden kann. Sie hat den Vater, die Tochter, den Schwiegersohn – jeden unter einer anderen Lawine verloren. Die anderen Übernachter auf unserem gemeinsamen Matratzenlager sind aus der Gegend und auf der Hütte zu Haus. Sie prophezeien uns nichts Gutes für morgen: Regen – und den für einige Zeit. Und dies nach einem Sonnentag, wie wir ihn schöner noch nicht hatten.
In der Morgendämmerung gehen wir los. Ungefrühstückt zwar, doch mit dem, was die Sportler Kondition nennen.

Mariazell mit den Zellerhüten

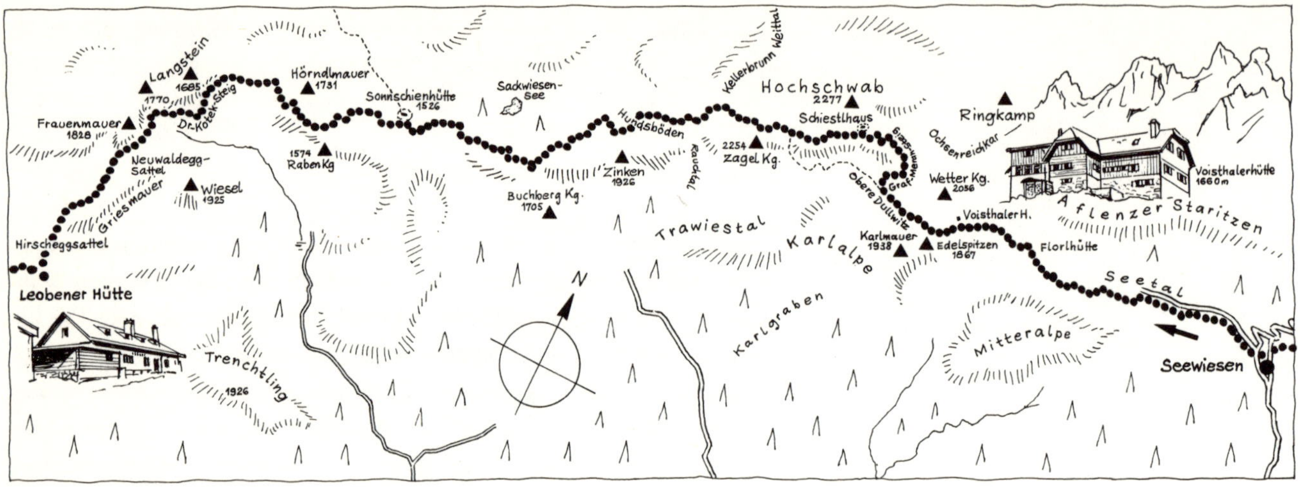

aufgekommen sind, können wir noch gelegentlich einen schattigen Wald durchwandern; es ist doch schon ganz schön warm in der Früh, und beim Steigen geraten wir schnell ins Schwitzen.

Als Fortsetzung des befestigten Güterweges windet sich ein dünner Bergpfad in zahllosen Serpentinen nach oben, Richtung Voisthalerhütte, zwischen Latschenbüschen hindurch oder um Felsklötze herum, durch trockene Wiesen mit weichem, moosigem Boden und langen, dünnen trockenen Gräsern. Ständig wird das Bild von den alles einschließenden Felsengebirgsketten geprägt: vor allem von den Edelspitzen, das sind vier Felstürme oberhalb der Hütte, von denen jede ihre eigene bizarre Form durch wilde Zerklüftung erhält; ihre Spitzen sehen wie breite, nebeneinandergesteckte Nadeln aus. Dann ist da die Karlmauer, ein klobiges Felsengebilde im Südwesten, und auf der anderen Seite, im Norden, die gesamte Kette des Ochsenreichkar mit dem Wetterkogel (2056 m) und dem Hutkogel (2038 m).

Nach einer ausführlichen Frühstücksrast in der Voisthalerhütte (1660 m) – bestehend aus Tee mit viel Zitrone und vielen kräftigen Broten, hat sich bewährt! – gehen wir die zweiten 600 Meter Steigung zum Hochschwab hinauf an. Es überrascht uns ein wenig, daß hier oben trotz der frühen Stunde schon eine ganze Menge anderer Wanderer unterwegs ist; so viele haben wir auf einem so kurzen Stück bisher noch nirgendwo gesehen. Viele von ihnen haben sicher auf einer der zahlreichen Berghütten übernachtet.

Nach der Durchwanderung der ziemlich ebenen Oberen Dullwitz geht

Die Entfernungen sind metrische Maße ohne Schrecken geworden. Vor einer Woche wäre dieses Steigen, dieses Laufen durch Schneefelder – zwölf Stunden lang – unerträglich gewesen.

Mit jedem neuen Tag lernen wir, wie sehr der Körper ein Instrument unseres Willens ist, selbst dort, wo er rebelliert. Und je leichter die Physis des Wanderns wird, um so größer wird die Psyche des Wanderns. Das Auge wird beweglicher, auch der Mund (den ich beim Anstieg bisher vornehmlich zum Schnaufen brauchte) redet sich und die Seele frei – mit Belanglosem und Nachdenklichem. Sicherlich kann man auf verschiedenste Weise nachdenken: am Schreibtisch, wo (wie Max Scheler einmal feststellte) »die Schreibmaschine für mich denkt«. Am Stehpult, wo man die Gedanken notiert, die man im Auf und Ab des Zimmerwanderns findet. Im Dahinschreiten, wie es die Schule der Peripatetiker als Mittel entdeckte, in der Bewegung des Körpers die Bewegung des Geistes zu stimulieren. Das Wandern kennt eine eigene Dreiheit: das anschauende Schweigen, das Spielen

es bald steil und über den Graf-Meran-Steig wieder in Serpentinen zügig hinauf. Die Berghänge sind übersät von Felsblöcken und -brocken aller Größen, teilweise auch wieder von Bergkiefern bewachsen; die Vegetation bietet ständig das gleiche, reizvolle Bild. Hier geht der Weg auch gelegentlich wieder bergab, und dann heißt es aufpassen, nicht plötzlich ins Laufen kommen, denn sonst würde es dem Betreffenden so gehen wie einmal dem Peter. Er geriet auf einer ähnlichen Gebirgswiese ins Laufen, riskierte nicht, sich hinfallen zu lassen, bis er schließlich einen Salto schlug. Er hatte allerdings Glück und verletzte sich nicht. – Bei diesen Steinbrocken hier könnte so etwas blöd ausgehen.

Bei Erreichen des Schiestlhauses hat man den Hochschwabgipfel schon direkt über sich; von hier sieht er ganz harmlos und sanft aus. Die zum Schiestlhaus abfallende Nordseite des Berges ist eine gleichmäßig geneigte Wiese mit tiefem Moos, Alpenpflanzen und vielen braunen Furchen. Wir steigen einfach quer über den Hang hinauf, den Gipfel immer vor Augen. Gewarnt wird im Wanderführer vor den teilweise 300 Meter senkrecht abfallenden Südwänden, die man besonders im Hinblick auf die oft plötzlich einfallenden Nebel meiden sollte. Wie schnell und unerwartet dieser Nebel aufziehen kann, das erleben wir selbst, denn kurz bevor wir den höchsten Punkt des NSWW erreichen – wir waren übrigens auch vorher noch nie in einer solchen Höhe –, da wird es über uns plötzlich grau, ein Wind kommt auf, und aus der erhofften schönen Fernsicht wird es – zum wievielten Male jetzt schon? – wieder nichts.

Die vorbeihuschenden Nebelschwaden sind eigentlich nur ganz dünn, das ergibt so einen milchigweißen Farbton, denn die Sonne steht direkt dahinter, manchmal schaut sie wie eine käsige runde Scheibe hindurch. Der Gipfelkamm unter dem mächtigen Kreuz ist schon voll von Wanderern, offensichtlich ist in Österreich der Hochschwab als lohnendes Wanderziel weithin bekannt, ein schöner Berg mit eindrucksvoller Landschaft und ohne allzu große bergsteigerische Schwierigkeiten.

Direkt unter dem westlichen Gipfelhang stand einmal die »Ferdinand-Fleischer-Unterstandshütte«, heute eine kleine Biwakschachtel aus Wellblech. Sie ist ein Hinweis darauf, daß der Hochschwab gar nicht so ungefährlich ist, wenn das Wetter plötzlich umschlägt, denn Biwakschachteln dienen ja dazu, in Bergnot Geratenen Schutz zu bieten. Auf dem Weg zum Rauchtalsattel durchwandern wir die ersten kleinen Schneefelder, bald treffen wir immer größere an und bekommen allmählich völlig durchnäßte Schuhe.

Der Nebel ist übrigens, gleich nachdem wir vom Gipfel abgestiegen sind, wieder verschwunden, und erst gegen Abend wird es sich wieder

der Gedanken und Gefühle im Selbstgespräch, die mitteilende und hörende Ordnung von Empfindungen und Reflexionen im Gespräch mit anderen. Aber dazu muß der Körper bereits jene Leichtigkeit erreicht haben, die keinen Gedanken mehr auf seine Gebrechlichkeit abzieht.

Heute lerne ich das erste (bisher geheimgehaltene) Gedicht von Peter kennen. Es sei sehr traurig, aber sehr schön, läßt er uns vorher wissen. Und wir dürften, ja wir müßten es ebenso lernen wie den Hölderlin und Goethe und die anderen. Er nennt nur die beiden bei Namen, weil sich »Hälfte des Lebens« und »Prometheus« nicht reimen und er sich ihnen auf diesem Gebiet überlegen fühlt. Das Gedicht heißt: »Das verlorene Leben«. Eine Fundgrube für jeden Kinderpsychologen. »Oh, wie war mein Leben schön. Ich hab es dann nie wieder g'sehn. Denn ich hab's verloren. Und hab's nicht mehr geboren.« Ich habe es genau lernen müssen. Ebenso wie ich bei Hölderlin das »und« bei: »Ihr holden Schwäne, und trunken von Küssen« für wesentlich hielt, ist

zuziehen. Wir können also die Hochschwablandschaft unbesorgt genießen ohne die Gefahr, uns irgendwo zu verlaufen, was hier, wie schon erwähnt, gefährlich werden könnte. Die Markierung, das muß man anerkennen, ist heute von Anfang bis Ende so gründlich, daß die Gefahr des Verirrens auch bei Nebel nicht allzu groß sein dürfte.

Bis Mittag sind wir durch ein wesentlich weniger bewandertes Gebiet bis zur Häuselalm gekommen, auf einem meist sehr schmalen Pfad, teils über Berggrate, oft zwischen Felsen hindurch, viele Schneefelder und noch mehr Bergwiesen. Hier stehen die herrlichsten Pflanzen in allen Farben, vom knallgelben Alpenmohn zum tiefblauen Enzian, von der vertrocknet wirkenden Silberdistel bis zu einigen leuchtend roten Pflanzen, deren Namen wir nicht wissen – leider sind wir keine guten Blumenkenner.

Diese Art Natur bestimmt im wesentlichen die Wege über Hundsböden, Hirschgrube und Baumstall, sehr plastische Namen für die einzelnen Abschnitte zwischen Rauchtalsattel und Häuselalm, die man aber beim Durchwandern im einzelnen gar nicht so sehr zur Kenntnis nimmt. Hinter der Häuselalm führt ein breiterer Weg ziemlich eben weiter, nun schon wieder in wesentlich tiefer gelegenen Regionen, zwischen 1500 und 1600 Meter. Hier gibt es keinen Schnee mehr, dafür aber wieder richtige Nadelwälder. Unterhalb des Weges schimmert das tiefblaue Wasser des kleinen Sackwiesensees zwischen den Bäumen hindurch. Sein Wasser soll im Sommer relativ warm sein und durchaus zu einem Bad einladen. Standhaft widerstehen wir der Lockung: die Leobener Hütte ist noch weit.

Nach einer kurzen Rast auf der Sonnschienhütte, in der andere Wanderer unsere Leistung bewundern und jemand mit einem Blick auf die beiden Kleinen meint, daß wir es bis zur Leobener Hütte wohl nicht mehr schaffen könnten, haben wir ein kleines lustiges Erlebnis mit einem ziemlich beschwipsten Bauernburschen. Er fragt uns, wohin wir gehen wollen, und sagt dann lallend, er würde uns dort hinführen. Wir sind zwar nicht sonderlich begeistert, lassen ihn aber gewähren. Um uns zu beweisen, wie nüchtern er ist, läuft er mit großen Schritten voraus, schaut sich gelegentlich nach uns um – plötzlich torkelt er und liegt in einem Schlammloch. Fluchend und arg beschmutzt steht er wieder auf, geht noch schneller weiter – und liegt nach kurzer Zeit wieder auf der Nase. Wir müssen uns beherrschen, um nicht loszulachen. Schließlich gabelt sich der Weg, der Europäische Wanderweg Nummer vier geht gerade aus nach Westen, Richtung Eisenerz; unser Weg zweigt nach Süden ab. Unser ortskundiger Führer denkt jetzt offensichtlich nur noch daran, nicht noch einmal hinzufallen, und wackelt deshalb

für Peter in diesem Gedicht unzulässig
zu sagen: »wie war *das* Leben schön«,
oder »und *ward* nicht mehr geboren«.
Die unerhört kühne Art des Selbstgebärens des eigenen Lebens könnte vielleicht
mit Prometheus zusammenhängen,
doch ist es wohl immer gewagt, von
außen her zu viel Sinn in vier mutwillige
Zeilen eines Elfjährigen hineinzulegen.
Jedenfalls sind sie Protest gegen die
alten Dichter, mit denen ich ihm in
den letzten Tagen deutsche Lyrik aufschließen wollte, und er kündet an,
daß er uns auch in den nächsten Tagen
noch einiges zu lernen aufgeben werde.
Inzwischen haben wir auch schon
eine Serie von Hüttenwirten und vor
allem -wirtinnen absolviert, und es
ließe sich eine vorläufige Bilanz ziehen.
Eine Psychologie der Hüttengastronomen
heute – also kurz vor dem totalen

Die Griesmauer oberhalb der Leobener Hütte

Sieg der Fremdenindustrie auch über 2000 Meter hinaus – könnte noch ein bißchen die Welt von gestern einfangen. Verwöhnte und zimperliche Gäste müssen sich da auf eine urwüchsige Grobheit einstellen, wer allzu norddeutsch spricht, wird leicht und bisweilen gern mißverstanden; wer anspruchsvoll ist, erfährt ein kurzes »Das haben wir nicht«, wer ungeduldig ist, hört »Sie werden schon warten können«, und wer eine Runde »für den Wirt mit« spendiert, der hat nicht wegen dem bißchen Geld oder Schnaps gewonnen, sondern weil er zeigt, daß er dazugehören möchte.
Nun muß ich also in das Matratzenlager. In meinen Schlafsack verkrochen. Seit dreißig Jahren zum erstenmal wieder so ein Massenschlafen mit Stallgeruch und Stallmusik. Gute Nacht.

auch weiter geradeaus. Wir lassen ihn ziehen und suchen ziemlich erleichtert unseren Weg wieder selber.
Das letzte Stück, das gestehen wir gerne, ist uns nicht leichtgefallen. Wir sind schon so viel gestiegen, so weit gegangen und haben nur wenig Pausen eingelegt – mit der Zeit wird man eben doch müde und an diesem heißen Tag vor allem durstig. Hinzu kommt, daß wir wieder einmal über die Entfernung verunsichert werden. Der Wanderführer spricht von drei, die Wegweiser von fünf Stunden. Solche Dinge tragen natürlich zur Ermüdung bei.
Am ersten Stück des Weges hinter der Abzweigung treffen wir auf zahlreiche Almen, riesige Wiesen, auf denen das wenige Vieh sich fast verliert. Auf dem Dr.-Kotek-Steig kommen wir wieder durch Wald, bis hinter dem Neuwaldeggsattel die lange Strecke über die felsbrokkenübersäte Flanke der Griesmauer beginnt, wobei wir immer parallel unterhalb der imposanten Silhouette dieser Felsmauer entlanggehen. Vom Hirscheggsattel schließlich sind wir in ein paar Minuten bei der Leobener Hütte.
Diese ist die primitivste Unterkunft, die wir bisher erlebt haben; aber wir sind deshalb durchaus nicht enttäuscht, man nimmt die Dinge eben, wie sie kommen: Einheitsessen Leberkäse (ganz gut), im Speiseraum nur Gasbeleuchtung, Wasser sowieso nicht, Waschgelegenheit an einer Quelle 100 Meter oberhalb der Hütte, Toilette in einem Holzhäuschen quer über dem Hof, im Schlafsaal gar kein Licht, es ist ziemlich kalt darin – wir schlüpfen sicherheitshalber völlig angezogen in die Schlafsäcke –, und außerdem riecht es nicht wenig nach allem Möglichen und Unmöglichen.

11. Tag

Montag, der 16. 8.

Leider hat es über Nacht vollständig zugezogen, es hat auch geregnet, in unserem Schlafsaal ist es hundekalt geworden, und in der Früh – wir ziehen wieder gegen fünf Uhr los – liegt der Nebel ganz dick über dem Land und in den Bergen. Das ist schade, weil die Gebirgslandschaft der Beschreibung nach ganz besonders schön sein muß. Es geht heute immerhin über den dritthöchsten Gipfel, den Reichenstein mit 2128 Metern. Unser heutiges Tagesziel ist Leoben, nach Graz die zweitgrößte Stadt der Steiermark. 33 Kilometer in elf Stunden zu gehen. Morgen wollen wir dort einen halben Ruhetag einlegen, denn wir erwarten gegen Mittag drei Mitwanderer für die letzten Tage in Österreich, unsere Schwester Maria, unsere gute Freundin Marietta und Freund Rufus aus Pakistan.

Das erste Stück des Weges verläuft teilweise stark abschüssig durch einen Hochwald auf regendurchweichten Steigen hinunter zum Präbichl. Das ist nicht immer einfach: die Schuhe finden in dem Matsch oft keinen richtigen Halt, und man rutscht immer wieder kleine Stücke. Schließlich sind wir froh, ohne größere Stürze und nur ein bißchen mit Schlamm bespritzt in dem noch schlafenden Ort Präbichl anzukommen. Dies war der erste kleinere Abstieg des Tages, ein großer wird später noch folgen, bei dem wir dann ungefähr 1500 Meter an Höhe verlieren werden. Aber zunächst müssen wir 900 Meter aufsteigen zum Reichenstein, und dieses Stück sieht auf unserer Profilkarte sehr steil aus. Es sind nämlich nur vier Kilometer Strecke, also durchschnittlich 22,5 Prozent Gefälle oder bei jeweils 45 Metern 10 Meter Höhengewinn.

Der Nebel ist inzwischen so dick geworden, daß es nicht mehr leicht ist, die Markierung im Auge zu behalten, besonders im baumlosen Gelände, wie jenem Wiesenhang hinter Präbichl, über den wir einfach ohne weitere Hinweise hinaufsteigen, weil wir oben für einen kurzen Moment die Umrisse eines Hauses erkannt haben, das sich dann – glücklicherweise – als die am Weg liegende Grüblalm herausstellt. Ab hier sind die Markierungen wieder klar und eindeutig.

Es ist ein ziemlich steiler Aufstieg auf den Reichenstein, anfangs hauptsächlich auf Pfaden durch weiche, quietschnasse Polsterwiesen und durch erlen- und kiefernbewachsene Strecken, später wieder zwischen

Göß, 16. August

Hier ist's gemütlich. Sogar fernsehen
können wir und schaumbaden und
Haare und Socken waschen. Wenn
die drei morgen kommen, werden
sie uns ganz zivilisiert finden. Sogar
die Füße sind so abgehärtet, daß keine
neuen Blasen wachsen. Wir sind ausgelas-
sen in der Vorfreude auf das Wiedersehen
mit Maria, kaufen Riesenmengen von
Wurst und Käse, Limonade und Wein,
und essen und trinken und essen. Ein
dunkler Gedanke sitzt hinten im Kopf,
ein dunkler Engel, der mich begleitet.
Der graue, dicke, kalte Vormorgennebel
hinunter nach Präbichl. Der einheimische
Bub, der sich kaum auskennt, weil
er noch nie auf dem Hausberg, dem
Reichenstein gewesen ist. Die sloweni-
schen Bahnarbeiter, die uns Wasser
geben (das gab's auf der Hütte ja nicht),
und auch ungenaue Auskunft. Das
Verlaufen. Die muntere Hüttenwirtin
auf der Reichensteinhütte, lustig, frech
und voll Anerkennung für die »Männer
vom Nebelstein«. Die Gratwanderung
und Peters neues Werk, die lange

tragische und traurige »Ballade vom zu kleinen Ritterlein mit dem zu großen Nachtröcklein«. Nun haben wir sie auswendig zu lernen, als wäre es »Der Erlkönig« oder »Schloß Eger«. Das geht so:

Es war einmal ein Ritterlein,
das war für sein Alter viel zu klein.
Es war einmal ein Ritterlein,
das war für sein Alter viel zu groß.
Und das kleine Ritterlein
schlüpfte in sein Nachtröcklein.
Das Nachtröcklein war viel zu groß,
es paßte in sein' ganzen Schoß.
Doch der Schoß war viel zu klein
für das große Nachtröcklein.
Da kam das große Ritterlein
mit einem kleinen Nachtröcklein.
Da tauschten beide Ritterlein
ihre beiden Nachtröcklein.
Das paßt das kleine Ritterlein
genau in seinen Nachtrock rein.
Dem großen Ritter paßt seins auch.
Und so ist die Ballade aus.

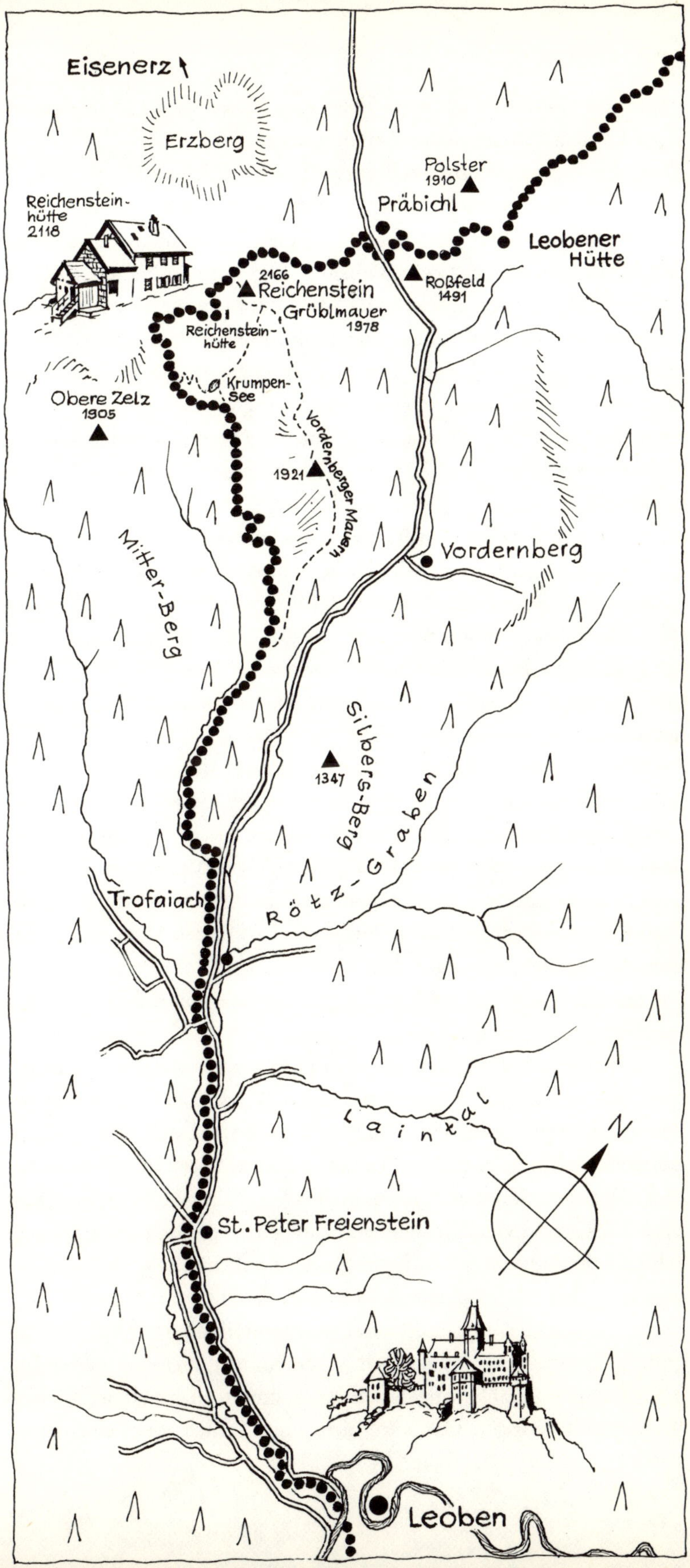

Felsklötzen hindurch und quer über Geröllfelder, die sich von den felsigen Gipfelgebilden bis ins Tal hinunterziehen.
Trotz der imposanten Bergkulisse ist das Schauspiel des Wettergeschehens heute das Eindrucksvollste. Je höher wir hinaufkommen, um so stärker wird der Wind, und dieser Wind bläst die Wolken vor sich her – deshalb kommt es nicht zum Regnen –, und mit den Nebelschwaden um uns treibt er ein faszinierendes Spiel, das nicht zu beschreiben ist; immer wieder bilden sich neue, bizarre Formen, in denen man die seltsamsten Gestalten erkennen kann. Um so etwas zu erleben, muß man im Gebirge schon einen solch günstigen Tag erwischen.
Einmal scheinen wir schon in der strahlenden Sonne über den Wolken zu sein – der Michi jubelt vor lauter Begeisterung –, ein paar Augenblicke später sind wir wieder im dichtesten Nebel. Dann sehen wir plötzlich vom Grat der Nordflanke des Reichensteins hinunter ins Tal, auf dessen anderer Seite sich der – schon zum großen Teil abgetragene – rötliche Erzberg erhebt. Dieses Tal wird von der Sonne hell ausgeleuchtet, während hinter und über uns der Nebel so dicht ist, daß zu uns kein Strahl dringt. Die Strahlen, die das Tal dort unten beleuchten, brechen wie ein goldener Kranz hinter einer schwarzen Wolkenwand hervor.
Auch der Aufstieg selber bringt Eindrücke mit sich, zunächst einmal die zu einer richtigen Mauer verwachsenen zahlreichen Felstürme der Grüblmauer (1978 m), dann den schon kurz beschriebenen Blick auf das Gebiet des Erzberges mit seinen ergiebigen Vorkommen, hinter dessen terrassenförmig abgebautem rotem Bergstock sich die Bergbaustadt Eisenerz verbirgt. Nicht zuletzt werden wir den Marsch über den Kamm nicht vergessen, auf dem wir schutzlos dem herüberfegenden Sturmwind ausgesetzt sind und gegen den wir uns richtig stemmen müssen.
Es ist richtig kalt geworden, als wir in der Reichensteinhütte ankommen, in der wir von der lustigen jungen Wirtin herzlich empfangen werden. Sie redet jeden gleich mit Du an und freut sich, daß der Papa das sofort erwidert; die meisten anderen Gäste in der Hütte sind da zurückhaltender. Wir bekommen jeder zwei Teller heiße Suppe zum Frühstück, dazu viel Zitronentee, heute genau die richtige Stärkung. Schließlich sind wir alle aufgewärmt und aufgemöbelt, daß wir uns wieder in den noch heftiger gewordenen Wind hinauswagen.
Wenn die Markierung auf diesem Plateau unterhalb des Reichensteingipfels, den wir übrigens gar nicht sehen können, nicht auf in den Boden gerammten Pfählen angebracht wäre, könnte man sich bei solchem Wetter glatt verirren. Das wäre nicht ungefährlich; die Felsabstürze

Bei der Geschichte scheint es sich zunächst um eine bloße falsche Zuteilung von Nachthemden zu handeln oder um eine Verwechslung dieser Gewänder beim Kauf. In Wirklichkeit ist es eine raffinierte Liebesgeschichte. Das kleine verliebte Ritterlein hat nämlich heimlich die Nachtröcklein ausgetauscht, damit es im großen gut Platz hat, auch für seine Buhle. Das große Ritterlein fand für seine Zwecke das kleine ebenfalls nicht schlecht. Man mag gegen den Sexualunterricht viel einwenden, allein schon diese Ballade rechtfertigt ihn vor der deutschen Literatur.
Ein herrliches Nebel-Sonne-Himmelsblau-Spiel bei der Gratwanderung – immer wieder die Erfahrung der Gleichgültigkeit der Natur, der wir

Straße in Leoben

sind steil, und es gibt keine Bäume zum Anbringen von Markierungen oder um sich an ihnen notfalls festzuhalten. Wie steil es hinuntergeht, können wir nicht genau sehen; wenn wir einmal über den Rand des Plateaus schauen, taucht die abschüssige Wand bereits nach wenigen Metern in der »Suppe« unter. Wir können es nur abschätzen an den Stellen, an denen wir mit Hilfe von angebrachten Drahtseilstücken zwischen Felsspalten abwärtskraxeln müssen, und da sieht es manchmal richtig unheimlich aus.

Bald liegt der sturmumwehte Grat weit über uns; wir sind auf zwei Seiten von schützenden Berg- und Felsmauern umgeben, die Wind und Nebel ein bißchen abhalten können. Zunächst scheint es uns, als würden wir den Weg zurückgehen und irgendwann wieder dort stehen, wo wir heute schon einmal waren (so etwas kennen wir ja schon), denn wir gehen jetzt tatsächlich genau nach Osten, an der anderen Seite der Grüblmauern entlang, die auch hier bizarre Felsformen aufweisen, schlank emporragende Felstürme, dazwischen so etwas wie steinerne Portale, und wie auf der anderen Seite wird das Bild von sich ins Tal hinabziehenden grauen Geröllstraßen abgerundet.

Bald kommen wir immer schneller, müheloser voran, erst ständig in einheitlicher Richtung bis zum Sattel zwischen Grüblmauer und Oberer Zelz und dann in engen Serpentinen durch Latschengebiet bis hinunter zum einsam inmitten der schroffen Felswelt gelegenen, grün umrahmten Krumpensee.

Kurz hinter dem See verläuft der Weg dann wieder in dichter werdenden Nadel- und später auch in Mischwald, überall gibt es Sträucher mit allerlei Waldbeeren. Aber es wird mit zunehmendem Höhenverlust immer eintöniger, die Berge sind von den Wolken eingehüllt, der Wald bietet zwar bequeme, weiche Wanderwege, aber in den letzten beiden Tagen sind wir in bezug auf Landschaft so sehr verwöhnt worden, daß es uns hier fast ein bißchen langweilig vorkommt; auch der weitere Weg scheint, nach der Karte zu schließen, nicht sehr lohnend zu sein. Dies ist ein Grund dafür, daß wir in Trofaiach vorzeitig abbrechen und das letzte Stück nach Leoben mit dem Bus fahren. Dazu kommt, daß wir von den beiden großen Touren mit ihren gewaltigen Höhenunterschieden doch einigermaßen müde sind und uns vor einem weiteren längeren »Hatscher« heute ein bißchen graust.

Wenn man nach Leoben hereinkommt, dann bietet sich ein anderes Bild als das der meisten bisherigen Dörfer und Ortschaften; es wirkt hier zunächst alles trist, grau, verschmutzt. Leoben ist eine richtige Industriestadt mit all ihren Kennzeichen. Durch Donawitz, den Ortsteil mit der meisten Industrie (hauptsächlich Bergbau- und Schwerindu-

durch unsere Sinneswahrnehmungen erst eine Art Leben im menschlichen Sinn geben. Solche Erfahrung müßte eigentlich jede sentimentale Naturvergötzung unmöglich machen. Verständlich ist vielmehr das Verhältnis der Naturvölker zu den dämonischen Mächten der Natur, denen sie sich ausgeliefert sehen. Aber verständlich wird auch

strie, mit Hochöfen und Walzwerken, wovon einige der bekannten Österreichischen Alpine Montangesellschaft angehören), fährt man erst einmal einen Kilometer an hohen grauschwarzen Mauern entlang, dahinter wiederum traurig wirkende Fabrikgebäude und unzählig viele Schlote, die mit schwarzem, gelbem und weißem Qualm die Luft verpesten. Ist man aber im Ortskern selbst, dann sieht alles schon wesentlich freundlicher aus.

Wir hatten schon bei unseren Vorbereitungen im Zusammenhang mit Leoben etwas mißverstanden, und zwar glaubten wir aufgrund eines zurückgekommenen Briefes, das Hotel »Südbahnhof« sei geschlossen. In Melk erfuhren wir vor knapp einer Woche überraschend von unserer Verwechslung (es gibt zwei Bahnhofhotels auf dem NSWW), aber die Ersatzunterkunft hier ist jetzt schon bestellt. Sie befindet sich bei einer Familie im Ortsteil Göß, wo wir uns mit unserer morgen ankommenden »Verstärkung« treffen wollen. Hier, gleich in der Nähe vom Kloster und der berühmten Brauerei, werden wir von der Familie Sebans herzlich empfangen und haben ein ganzes blitzsauberes Stockwerk mit zwei Zimmern und Bad für uns, gegenüber gestern ein richtig zivilisiertes Wohngefühl!

die Besessenheit der berühmten (und
weniger berühmten) Bergsteiger, die
ja oft – wie bei den Rennfahrern –
zu einem frühen Tod führt.
Das letzte Stück von Trofaiach nach
Leoben – Carl Hermann, der Begründer
des Wanderweges, und die gewissenhaften
NSWWler mögen es uns verzeihen –
haben wir mit dem Bus zurückgelegt,
auch nachträglich davon überzeugt,
daß wir dadurch um kein Wandererlebnis
gekommen sind.

12. Tag

Da sitz ich nun mit der Taschenlampe
am Stockwerkbettrand und will aufschreiben, was keinen und jeden angeht.
Mit diesem Tag hat ja die Wanderung
für mich begonnen – vor einem Jahr.
Die Krebsstation im Münchner Vorortkrankenhaus. Die brechenden Augen.
Der Abschied für immer. Wandern
als Flucht. Das gibt es in vielfältiger
Form. Soll ich es Menschen in ähnlicher
Situation empfehlen? Es scheint mir
neben der Arbeit und der Rückbesinnung
auf den Lebenssinn – in Glaube oder
Philosophie – ein gangbarer Weg.
Alkohol, Drogen betäuben, helfen
nur über Tage, zerstören am Ende.
Die Stiftskriche Sankt Andreas in Göß.
Das Gebet als unsichtbares, sehr reales
Band. Maria, Marietta, Rufus treffen
ein. Viel Herzlichkeit und selbstverständliche Rücksicht. Der Aufstieg zur
Mugel fällt ihnen schwer, zum Teil
in dickem Regen; für uns ist es ein
Spaziergang. Mit Christian spreche
ich über das Shakespeare-Sonett, das
mich Charlotte noch eine Woche vor
ihrem Tod vorzulesen bat, das Sonett
LXXI:

No longer mourn for me when I am dead
Than you shall hear the surly sullen bell
Give warning to the world that I am fled . . .

Paul Celan hat es so übersetzt:

Du sollst, bin ich hinweg, so lang nur
klagen,
als du die Glocke hörst, die düstere,
vom Turm;
so lange, als sie braucht, der Welt
zu sagen:
Der bei dir wohnte, ging und wohnt
beim Wurm.

Heute vor einem Jahr ist unsere Mutti gestorben. Sie wäre ganz sicher gerne mit dabeigewesen, und sie hätte es vielleicht verstanden, unsere Unbändigkeit manchmal etwas zu zügeln. Irgendwie ist sie aber immer bei uns und wandert mit.

Heute haben wir bis Mittag nichts weiter vor, unsere drei Mitwanderer wollen erst gegen ein Uhr ankommen. So nutzen wir den Vormittag zuerst zu einem Kirchgang, zu einer Morgenandacht für die Mutti in der Klosterkirche von Göß. Anschließend, nach einem überaus reichhaltigen Frühstück mit hausgemachter, phantastischer Himbeermarmelade, gehen wir in den Ort hinunter, um einzukaufen, im »Südbahnhof« unsere Kontrollstempel zu ergattern und um Leoben ein bißchen zu besichtigen.

Die beiden kulturell wichtigsten Bauten – zumindest haben wir diesen Eindruck gewonnen – sind die große Stadtpfarrkirche St. Xaver, eine sehr schöne Jesuitenkirche, innen ganz in Schwarz und Gold ausgestaltet, und das Nonnenstift mit der bereits erwähnten Klosterkirche in Göß. Dort befindet sich auch eine Steintafel, in der über die Geschichte von Leoben und Göß einiges zu lesen ist, über Napoleon zum Beispiel und den 1797 hier geschlossenen Vorfrieden zwischen Franzosen und Österreichern.

Etwas früher als erwartet, noch vor halb zwölf Uhr, kommen die drei mit dem Auto an: Maria, unsere Schwester, 15 Jahre alt, zeichnet sich bekanntlich durch große Wanderunlust aus, ist aber fast immer lieb und lustig; Marietta, Journalistin, gehört schon lange zum Kreis unserer allerbesten Freunde, und Rufus, 20 Jahre alt, aus Pakistan. Über ihn und seinen bisherigen abenteuerlichen Lebensverlauf könnte man sehr viel schreiben. Er hat es nicht leicht gehabt: Als Kind wurde er auf einer Straße aufgelesen und von der Mission nach Europa gebracht. Nach einigen harten Jahren als Schiffsjunge auf verschiedenen Frachtern bekam er endlich das ersehnte Visum für einen Schulaufenthalt in England. Dieses wird nun bald ablaufen, dann weiß er wieder nicht, wohin, denn alle europäischen Länder stellen ihm bisher nur begrenzte Aufenthaltsgenehmigungen aus. Trotz all dieser Schwierigkeiten ist er immer gut aufgelegt und lacht gerne.

Nach dem Mittagessen starten wir zu einem kurzen Marsch hinauf auf die Mugelkuppe, drei bis vier Stunden sind dafür im Wanderführer angegeben, also nicht so weit, für die drei gerade recht zum Eingewöhnen.

Es war schon den ganzen Vormittag sehr heiß, gleichzeitig lastete eine starke Schwüle über Leoben, die ein Gewitter erwarten ließ. Und kaum sind wir eine halbe Stunde unterwegs, da kommt auch schon ein heftiger Sturm auf, der Himmel wird schwarz, es blitzt und donnert, und völlig unvermittelt setzt ein Platzregen ein, daß wir schon ganz durchnäßt sind, bevor wir überhaupt die Regenmäntel aus dem Rucksack ziehen können. Für die Neulinge ist es gleich eine richtige Taufe zu Beginn der Wanderung, der arme Rufus, der gar keinen Regenmantel dabeihat, wird gründlich gebadet. Etwas deprimierend für die drei ist, daß wir schon Durchtrainierte ihnen bei Beginn des Regens davonlaufen und mit einer Viertelstunde Vorsprung in der Hütte, dem Hans-Prosl-Haus auf der Mugel, ankommen.

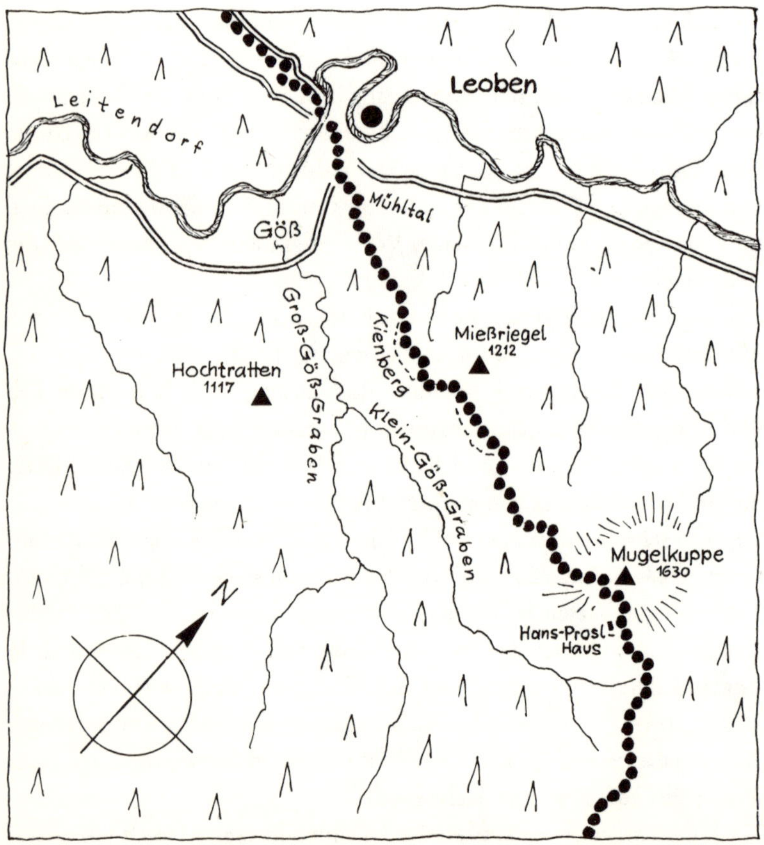

Dies schreibe ich, doch du, hast du's
gelesen,
vergiß, wers schrieb. Denn sieh, ich
liebe dich:
ich wollt, ich wäre nie in deinem Sinn
gewesen,
wenn, da du mein gedenkst, dich Gram
beschlich!

Du laß, ruht einst dein Blick auf diesen
Worten,
derweil ich Staub bin, Staub bin und
nicht mehr,
die Liebe werden, was auch ich geworden,
und meinen Namen, sag ihn nicht
mehr her:

Die Welt, klugäugig, sucht schon deine
Tränen,
dich, da ich fort bin, mit mir zu verhöh-
nen.

An diesem Tag sind es zwei Gedichte, die ich seit vielen Jahren im Kopf habe, wobei das von Gottfried Benn »Aus Fernen, aus Reichen« – das Liebesgedicht auf eine Tote – fast zum Gebet geworden ist:

Was dann nach jener Stunde
sein wird, wenn dies geschah,
weiß niemand, keine Kunde
kam je von da,
von den erstickten Schlünden
von dem gebrochnen Licht,
wird es sich neu entzünden,
ich meine nicht.

Doch sehe ich ein Zeichen:
über das Schattenland
aus Fernen, aus Reichen
eine große, schöne Hand,
die wird mich nicht berühren,
das läßt der Raum nicht zu:
doch werde ich sie spüren,
und das bist du.

Und du wirst niedergleiten
am Strand, am Meer,
aus Fernem, aus Weiten:
»– erlöst auch er;«

ich kannte deine Blicke
und in des tiefsten Schoß
sammelst du unsere Glücke,
den Traum, das Los.

Ein Tag ist zu Ende,
die Reifen fortgebracht,
dann spielen noch zwei Hände
das Lied der Nacht,
vom Zimmer, wo die Tasten
den dunklen Laut verwehn,
sieht man das Meer und die Masten
hoch nach Norden gehn.

Wenn die Nacht wird weichen,
wenn der Tag begann,
trägst du Zeichen,
die niemand deuten kann,
geheime Male
von fernen Stunden krank
und leerst die Schale,
aus der ich vor dir trank.

Und schließlich Eichendorff. Mit seinem Gedicht »Der Umkehrende« lebe ich seit 1945, seit der Vertreibung aus Böhmen.

Es wandelt, was wir schauen,
Tag sinkt ins Abendrot,
Die Lust hat eignes Grauen,
Und alles hat den Tod.

Ins Leben schleicht das Leiden
Sich heimlich wie ein Dieb,
Wir alle müssen scheiden
Von allem, was uns lieb.

Was gäb es doch auf Erden,
Wer hielt den Jammer aus,
Wer möcht geboren werden,
Hieltst du nicht droben Haus!

Du bists, der, was wir bauen,
Mild über uns zerbricht,
Daß wir den Himmel schauen –
Darum so klag ich nicht.

Trösterin Poesie. Die vier schlafen, vier Trösterlein.

Dann aber folgt ein schöner und gemütlicher Abend in der warmen Stube des Gipfelhauses; wir haben uns ja so viel zu erzählen. Für das alte, etwas verdrossen dreinschauende Herbergsmutterl ist es offensichtlich schwierig, die vielen durcheinandergerufenen Wünsche einer so großen Gesellschaft zu behalten, aber sie bringt schließlich doch fast alles. Wir werden immer lustiger, aber zu spät wollen wir nicht schlafen gehen, morgen heißt es wieder früh aufstehen. Außerdem wissen wir aus dem Führer, daß es auf dem Weg zum Gleinalpenhaus keine Verpflegungsmöglichkeit gibt. Deshalb lassen wir unsere »Bottel« mit Zitronentee füllen (ein halber Liter für sieben Personen), denn Frühstück gäbe es erst um acht Uhr.
Die Damen und Papa haben es heute gut: sie dürfen in Einzelzimmern schlafen, während wir vier Buben – Rufus zählt zu uns – in den kalten Schlafsaal unterm Dach müssen. Mitten in der Nacht kommt eine Horde junger Männer durch die quietschende Tür und macht im Nebensaal einen fürchterlichen Krach, bis sie nach gut einer Stunde endlich Ruhe gibt.

13. Tag

Mittwoch, der 18. 8.

Heute früh wird zumindest uns vier Knaben im eisigen Dachkammerl drastisch vorgeführt, daß man in einer einfachen Berghütte nicht unbedingt mit Rücksichtnahme auf seinen kostbaren Schlaf rechnen kann. Schon um halb vier Uhr stehen die fünf Burschen nebenan unter lautem Gelächter auf (was da nur so lächerlich ist?) und wecken, unterstützt vom ständigen Knarzen der Bretter und dem markerschütternden Quietschen der Türen, das ganze Haus. Und so früh wollten wir ja eigentlich auch wieder nicht aufstehen, schon aus Rücksicht auf unsere Weiblichkeit, und außerdem wollen wir heute nur das Gleinalpenhaus erreichen, neun bis zehn Stunden, 27,5 Kilometer.

Bevor wir losgehen, führen die erfahrenen Fußpflegespezialisten den Anfängern die »hohe Kunst der Fußpflege« vor, die sich bisher schon so bewährt hat. Nur Rufus verzichtet voller Skepsis darauf. Die Quittung in Form von Blasen wird er schon kriegen!

Schließlich bekommen wir wider Erwarten kurz nach fünf Uhr, als wir abmarschieren wollen, von der alten Wirtin doch noch ein Frühstück, und sie streicht uns extra noch ein paar Brote zum Mitnehmen. Die alten Wirtsleute sind wohl auch durch den Lärm geweckt worden. – Hoffentlich kommen diese fünf Spaßvögel heute so weit, daß wir sie nicht mehr einholen!

Um es schon jetzt zu sagen, dieser Tag hat es wirklich in sich, für uns vier altgediente Wanderer allerdings nicht so sehr wie für die drei Neulinge. Das liegt zunächst daran, daß es bis zum Abend nicht viel zum Beißen gibt, es ist heute überhaupt das erste Mal auf unserer bisherigen Wanderung, daß wir ein paar Brote dabeihaben, bisher war so etwas auch nicht nötig. Unser einziger ständig mitgetragener Proviant ist sonst Traubenzucker, Schokolade, Kaugummi und Tee oder Wasser in unserer Halbliterflasche.

Hinzu kommt, daß die Profilkarte, bisher immer so verläßlich, diesmal ungenau ist, sie zeigt nur drei Gipfel und vier Abstiege an, in Wirklichkeit sind es mindestens acht oder mehr Anstiege, und ebensooft geht es bergab. Auch die Wanderkarte gibt keine genaue Auskunft über das ständige Auf und Ab, das kein Ende zu nehmen scheint.

Wir brechen auf; es liegt noch dichter Nebel, aber es sieht so aus, als würde es später aufreißen. Der Weg führt bergab durch frisches hohes

Gleinalpenhaus, 18. August

Stolz ist das Fähnlein der sieben Aufrechten in den Morgen hineingezogen.
Nun sehen unsere beiden Blumen
ein bißchen verdurstet und leicht geknickt
aus. Aber die Unterkunft ist gegenüber
dem Mugelhaus luxuriös und hilft
den beiden Damen über den gestrigen
Schock.
Die Mugelwirtin macht uns schon
um halb fünf ein Frühstück. Sie ist
wie ein Baum: die Füße Wurzeln,
der Körper ein Stamm, der unten eingeschnitten ist, der Kopf ein Wipfel
von krausem Geflecht aus Wuschelhaar
und Weiberbart. Man glaubt gegen
einen Baum zu reden. Und plötzlich
kommt Leben in die Augen, sie hat
alles gehört und gesehen, sie hat uns
nur erst einmal mit dem Mißtrauen
eines uralten Bergmenschen durchgeprüft,
der mit frechen Talmenschen genug
schlimme Erfahrungen gemacht hat.
Last und Lust sind ungleich verteilt
an diesem Tag. Die Neulinge müssen
ihr Lehrgeld zahlen. Erstaunlich ist
Rufus, der noch nie etwas Ähnliches
erlebt hat. Das Wecken nimmt er nicht
ernst, zeigt für einen Augenblick aus
schwarzem Schlaf die schwarzen Pupillen.
Schläft weiter. Dann ist er doch pünktlich

da. Wie eine Wildkatze. Klug, rasch auffassend. Voll Charakter: ohne Hinterlist, jedem helfend, jeden ermunternd. Von einer geschmeidigen Leichtigkeit, als könnte ihn nichts ermüden. Und hinter den zwanzig Jahren ein Schicksal, aus dem unsereiner einen Roman machte oder mehrere. Sein Englisch ist wie ein Lehrmittel für die Kinder, ohne komplizierte Wörter und Perioden. Unter den paar Wanderern, die uns heute begegnen, prägt sich mir besonders das »Schokoladenweiblein« ein. Ich nenne sie *polednice,* das heißt Mittagshexe. Sie erinnert mich an die tschechische Ballade. Sie ist eine Geschäftsfrau aus dem Waldviertel, lebt von und für ihren Umsatz, wandert allein vor sich hin und nutzt jeden Mitwanderer als Gesprächspartner, ob er will oder nicht. Kinderlos wie sie wohl ist, weiß sie mir unbefangen und autoritativ mitzuteilen, was ich den Kindern zumuten darf und was nicht. Jeden Tag ruft sie daheim an, wie es im Geschäft läuft, eine Rastlose, für die das Wandern Fortsetzung ihres Lebensrhythmus mit anderen Mitteln ist.
In Leoben habe ich ein Balladenbücherl gekauft. Balladen zählen ja nicht mehr

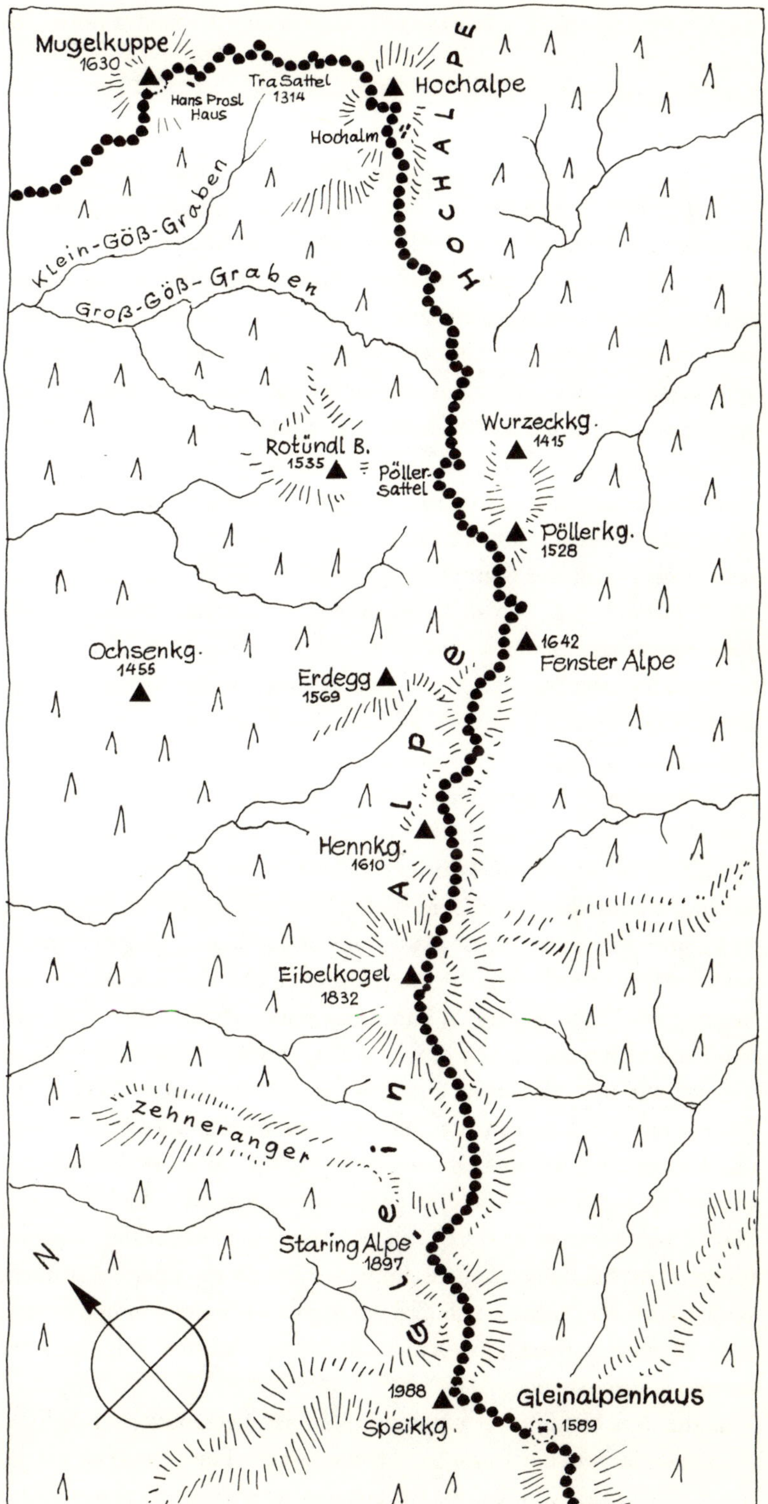

Gras, vom gestrigen Regen ganz naß, teilweise ist der Boden noch glitschig.
Bald haben wir den Trasattel erreicht, inzwischen ist klar, daß es heute bewölkt bleiben wird. Nach einer kurzen Rast am »Diebsweg« – auf diesem Weg sollen früher viele finstere Gesellen zwischen Leoben und Frohnleiten die Alpen überquert haben, um dem Zugriff der Justiz zu entgehen – müssen wir eine Zeitlang um Rufus richtig Sorge haben, der arglos und in der Hoffnung, uns irgendwo wiederzutreffen, einen bequemen Ziehweg weitergeht, anstatt uns auf einem Waldweg zu folgen. Die ganze Gruppe ist inzwischen so auseinandergezogen, daß wir sein Verschwinden erst sehr spät bemerken. Nun muß Peter Melder spielen und die einen halben Kilometer weiter vorn wandernde Spitzengruppe einholen – und das einen ziemlich steilen Berg hinauf. Suchen hat keinen Sinn, wir warten und hoffen einfach, daß Rufus hell genug ist und wieder umkehrt. Zum Glück taucht er bald wieder auf, ganz vergnügt, unser Sonnyboy.
Der Umstand, daß wir so leicht und schnell vorausgehen, daß die Gruppe immer wieder so weit auseinandergezogen wird, daß den Frauen bald jeder Schritt schwerfällt und wir nur selten warten, dies alles macht sie ziemlich schnell mißmutig, auch Marietta – von unserem Schwesterchen ganz zu schweigen.
Nachdem wir die letzten Wälder hinter uns lassen, geht es praktisch bis zum Abend – immer bergauf und bergab – über endlose baumarme Wiesen. Es weht ein sehr kräftiger, kühler Wind, der wieder auf Graten und Bergrücken besonders stark wird. Gerade hier macht es uns dann Spaß zu rasten. Wir legen uns ins hohe, überall leicht vertrocknete Gras, auf weiche Moospolster, hinter einen Felsblock oder in eine Bodenrinne (beim Ausruhen kühlt man natürlich schneller aus), und dann lauschen wir dem Wind, wie er über uns hinwegstreicht, und sehen zu, wie sich die Halme über uns beugen. Wir legen öfters solche Pausen ein, vor allem natürlich, um auf die Zurückgebliebenen zu warten, aber überhaupt – diese Rasten sind so schön, so angenehm; wir dösen des öfteren ein und wollen am liebsten liegenbleiben.
Das Gehen selbst über »Die Hohen Almen« – so nennt der Wanderführer den heutigen Wegabschnitt – fällt heute überhaupt nicht schwer, der Weg führt weich und moosig durch weite windige Felder, und auf jeden Aufstieg, meist nicht allzu lang und steil, folgt ein etwa ebenso langer Abstieg.
Was die drei Neulinge etwas deprimiert, ist die Unübersichtlichkeit des Geländes und die Tatsache, daß wir auf der Landkarte fast nie genau herausfinden können, wo wir gerade sind. Es gibt keine besonders

zur deutschen Dichtung, wenn man den jüngsten Anthologien, so der von Hederer, glauben darf. Aber auch in der Schule existieren sie nicht mehr. Dabei sind Balladen durch diese Mischform von Historie, Sage, Legende, dramatischer Erzählung und gebundener Form eine Einführung in die Dichtung, wie sie Kinder gar nicht besser haben können. Das Liedhafte, der Refrain, die bis zur Putzigkeit heruntergestufte Mitteilung (bei Schiller »Willst du nicht mein Lämmlein hüten . . .«) – all das schafft nicht nur Gesprächsstoff oder Parodiemöglichkeit, sondern auch Nachdenken über Form, Sinn, Moral von Schillers »Verschleiertem Bild von Sais«, über Bürgers »Lenore«, bis zu Brechts »Legende von der Entstehung des Buches Taoteking auf dem Weg des Laotse in die Emigration«.
Die Motive des Wanderns, das Loslassen alles Festgehaltenen, der Tausch der beengenden Sicherheit gegen eine Freiheit mitsamt allem Risiko, aller Unbequemlichkeit, aller Unberechenbarkeit. Das hatte ich schon daheim beim Einpacken vorgekramt. Die ersten beiden und die berühmte fünfte Strophe klangen uns noch von daher im Ohr:

Oben: Auf dem Weg zum Reichenstein, mit Frauen- und Griesmauer
Unten: Der Erzberg, im Hintergrund die Ausläufer des Hochschwab

markanten oder benannten Punkte, keine Bauwerke, die der Orientierung dienen könnten; die vielen Gipfel sehen alle ungefähr gleich aus und sind etwa gleich hoch. – Kurz, es scheint kein Ende zu geben.
Nach dem Abstieg vom ersten Gipfel, dem der Hochalpe (1643 m), kommen wir herunter zum Pöllersattel, an dem wir gleichzeitig den Bergzug der Hochalpe (so heißt nicht nur der Gipfel) verlassen, in das Reich der Gleinalpe aufsteigen, das wir dann in den folgenden Stunden von seinem Nordostende bis zu seinem Südwestende durchwandern werden, ständig auf seinem Rücken und über alle seine höchsten Erhebungen, die Fensteralpe, den Hennkogel (beide über 1600 m hoch), den Eibelkogel (1832 m). Das ist der erste identifizierbare Gipfel, kenntlich durch ein großes Kreuz, sogar mit vollständig bekritzeltem Gipfelbuch. Dann kommt die Staringalpe (1897 m) und schließlich der höchste Punkt der Gleinalpe, der Große Speikkogel mit fast zweitausend Metern Höhe, von dessen Türmen aus verwitterten Steinbrocken man eine prima Aussicht haben müßte. Wir sehen zurück auf den langen Gebirgszug, den wir eben entlanggekommen sind, ein hellgrüner Hügel hinter dem anderen, über die alle der markierte NSWW hinwegführt, obwohl man sie ohne weiteres alle umgehen könnte, ohne viel auf- oder absteigen zu müssen. Aber schöner ist es halt oben!
In wenigen Minuten führt der Weg jetzt die steile Südseite des Speikkogels hinunter. Felsbrocken, Geröllfelder, einzelne, mächtige Bäume und rutschige, nasse Pfade kennzeichnen den Abstieg zum Gleinalpenhaus. Auf einer Weglänge von weniger als anderthalb Kilometer verlieren wir mehr als 400 Meter an Höhe, das sind 30 bis 40 Prozent Gefälle.
Im Gleinalpenhaus angekommen, spüren wir doch, daß wir einen recht harten Tag hinter uns haben, wie natürlich erst recht die anderen drei, die erst eine halbe Stunde später hereinschleichen.
Auf das Essen müssen wir im Gleinalpenhaus unendlich lange warten, obwohl wir nicht viel bestellt haben, dafür ist das Schlaflager unter dem Dach das bisher wärmste, sauberste und angenehmste.

1 *Als er Siebzig war und war gebrechlich*
Drängte es den Lehrer doch nach Ruh
Denn die Güte war im Lande wieder
einmal schwächlich
Und die Bosheit nahm an Kräften
wieder einmal zu.
Und er gürtete den Schuh.

2 *Und er packte ein, was er so brauchte:*
Wenig. Doch es wurde dies und das.
So die Pfeife, die er immer abends
rauchte.
Und das Büchlein, das er immer las.
Weißbrot nach dem Augenmaß.

Als der Zöllner den Knaben, der ihn begleitet, fragt, ob der Weise denn etwas herausgekriegt habe, heißt es:

5 *Doch der Mann in einer heitren*
Regung
Fragte noch: »Hat er was rausgekriegt?«
Sprach der Knabe: »Daß das weiche
Wasser in Bewegung
Mit der Zeit den mächtigen Stein besiegt.
Du verstehst, das Harte unterliegt.«

Wandererphilosophie, wie der heimatlose Bertolt Brecht in Svendborg sie entdeckt und niedergeschrieben hat.

Voisthalerhütte gegen die Edelspitzen

14. Tag

Donnerstag, der 19. 8.

Die gestrige kalte Dusche hat unsere drei Gäste zu dem Entschluß bewogen, nur noch bis zur nächsten Fahrgelegenheit – also nicht bis Eibiswald – mitzuwandern, um nach Leoben und dann nach Hause zurückzufahren. Diese nächste Gelegenheit ist in Pack, dem ersten Dorf, das wir nach vier Tagen im Gebirge sehen und das wir morgen abend erreichen werden. Das »Fähnlein der sieben Aufrechten« wird also nur noch zwei Tage beisammen sein.

Pünktlich zur gestern festgelegten Frühstückszeit, um sechs Uhr, sind wir versammelt, bestellen nur ein paar Butterbrote und zwei Kannen Tee in der Hoffnung, daß das – trotz der gestrigen Erfahrungen sind wir Optimisten – auch im Gleinalpenhaus schnell erledigt werden könnte. Aber weit gefehlt! – Eine geschlagene Stunde müssen wir warten! Verständlich, daß dem Papa daraufhin der Kragen platzt und er die Bedienung unfreundlich anredet, unter dem beifälligen Nicken der übrigen Gäste. Statt um halb sieben Uhr können wir nach einem hinuntergeschlungenen Frühstück erst eine Dreiviertelstunde später aufbrechen.

Unser heutiges Tagesziel ist das Salzstiegelhaus zwischen Wölkerkogel und einem weiteren Speikkogel gelegen, neun Stunden zu gehen, 27,5 Kilometer. Diesmal sieht der Verlauf des Weges relativ eben aus, keine nennenswerten Steigungen, kein Gipfel ist zu überwinden. Daß wir aber heute zum erstenmal unser Ziel nicht erreichen, das liegt nicht daran, daß etwa jemand schlappmacht, sondern daran, daß wir uns im Laufe des Vormittags, nicht ohne unsere eigene Schuld, »katastrophal« verlaufen.

Nach dem Ärger über die verlorene Zeit geht es zunächst sehr vielversprechend weiter. Die Morgensonne scheint, das erste Stück steigt durch frischen Wald zügig hinauf zum Roßbachkogel, wo sich vor uns wieder eine der gestrigen Landschaft ganz ähnliche Vegetation ausbreitet.

Wir wandern jetzt in immer gleicher Höhe an der Südflanke der Roßbachalpe entlang, lassen den Brendlstall unter uns, bei dem sich eine große Anzahl der berühmten Lipizzaner auf der Sommerweide tummeln. Das sind die Pferde, meistens Schimmel, deren unübertreffliche Dressur- und Reitkünste in der Wiener Spanischen Hofreitschule

Gaberlhaus, 19. August

Zum ersten Mal haben wir unser Tagesziel
nicht erreicht und sind doch bester
Laune. Die Damen, weil sie uns morgen
verlassen können – sie hatten ihre
Kraft überschätzt, die Anstrengung
unterschätzt. Rufus, weil sein Wesen
jenen Gleichmut der Seele besitzt,
wie er uns als Tugend aus dem Latein-
unterricht bekannt ist. Wir, weil der
Tag so schön war und wir das Versäumte
morgen leicht wieder aufholen können.
Rufus hat unterwegs den Shakespeare
als einen maßlos überschätzten, sich
ständig wiederholenden, leichtfertigen
und langweiligen Poeten entlarvt. So
etwa wie der Anti-Goethe-Kult, der
in den sechziger Jahren bei uns grassierte,
ausgelöst durch Psychologisiererei
und anarchisches Revoluzzertum.
Aber es ist auch für einen Freund
von Shakespeare oder Goethe ganz
gut, so provoziert, sich deren wahren

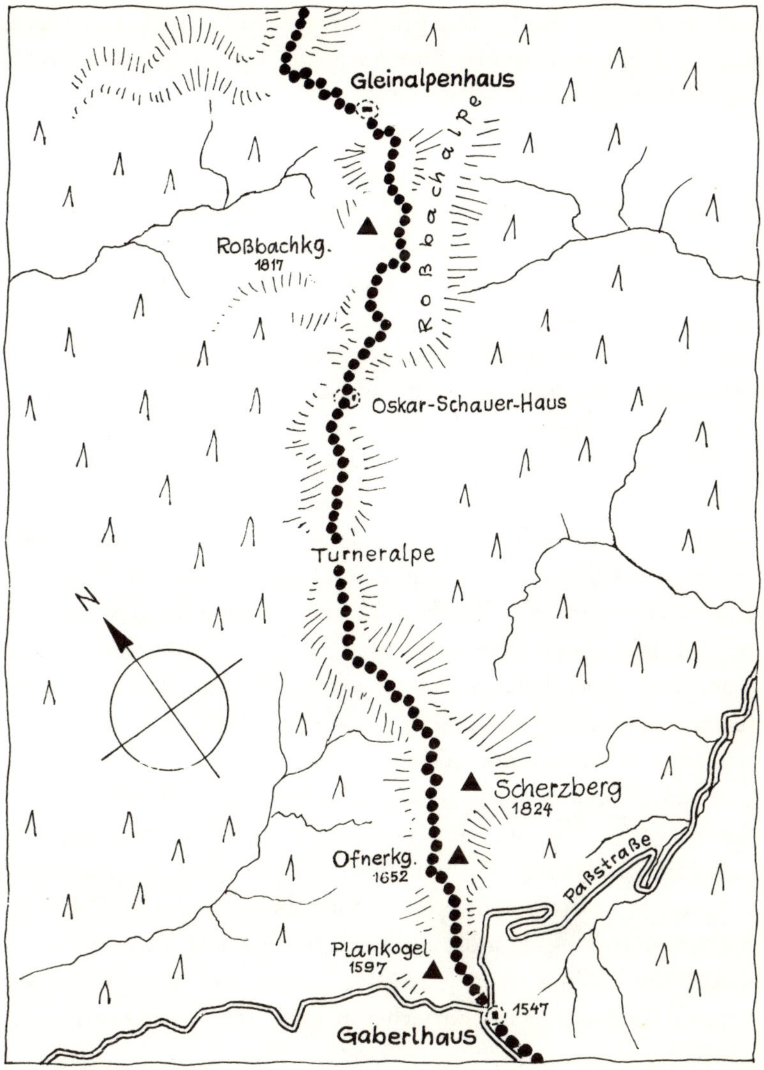

Wertes recht bewußt zu werden und zu versuchen, die Gründe der Animosität herauszufinden. Für Rufus spielt die Rassenfrage bei Shakespeare eine entscheidende Rolle: das Othello-Motiv, auch der Kaufmann von Venedig. Bei uns halten naiverweise junge Leute die Faust-Gretchen-Tragödie – schon durch die Pille – für überholt. Statt Faust liest man in den Schulen Max Frisch und Friedrich Dürrenmatt, deren Stücke in zwanzig Jahren niemand mehr spielen wird, weil sie eigentlich heute schon nicht mehr so ganz stimmen. Das Wetter war zum Heldenzeugen. Ein strahlend blauer Himmel und dazu eine sogenannte »Genußstrecke«. Für gestern stand im Wanderführer ganz ernst und ebenso richtig wie banal die Sentenz »Bergauf – bergab: Menschenschicksal«. Heute heißt es auf ebenen Matten wandeln, griechischen weltberühmt geworden sind. Wir sehen in der Ferne eine größere Herde, steigen aber nicht hinunter, obwohl es keine große Strecke bis dorthin ist.

Der Wanderführer schreibt unter der Überschrift »Die Genußstrecke« folgendes:

»Die Etappe vom Gleinalpenhaus zum Gaberlschutzhaus kann man nur als Genußstrecke bezeichnen. Man bewegt sich den ganzen Tag lang auf weichem Alm- oder Waldboden. Die Almhöhen, an denen

vorbei oder über die der Weg gelegt ist, steigen kaum über 1700 m an oder sind etliches darunter. Eine Ausnahme bildet nur der Roßbachkogel, der mit seinem steilen, fast schroffigen Westabsturz überhaupt aus dem Rahmen dieser Almberge fällt. Man umgeht ihn aber ohnedies in der Südostflanke.«
Mit diesen wenigen Worten ist die Beschaffenheit des Weges und seiner Umgebung schon ganz gut beschrieben, und zu bestätigen bleibt, daß hier zu gehen wirklich ein Genuß ist, so leicht und mühelos geht es voran.
Nach einer kurzen Rast im Oskar-Schauer-Haus setzen wir den Weg fort, immer den plötzlich recht spärlich werdenden rot-weiß-roten Markierungen folgend. Allmählich werden wir ein bißchen stutzig, auch weil die Zahl, die Nummer des hiesigen NSWW-Abschnittes 505, nicht mehr erscheint, aber das tat sie in anderen Gegenden häufig auch nicht. Eigentlich heißt es im Führer doch, daß wir uns bis zum Alpenvereinshaus Gaberl immer in gleicher Höhe auf weichem Almboden bewegen würden, jetzt kommen wir aber auf einer breiten Schotterstraße langsam aber sicher immer weiter bergab, ständig durch kühlen Nadelwald. Aber da die Markierung immer wieder auftaucht, besteht für uns kein Grund zur Besorgnis. Wir wundern uns nur, jeder für sich, über diese seltsame »Genußstrecke«; keiner spricht jedoch irgendwelche Bedenken aus, jeder verläßt sich auf die Markierung. Außerdem ist es recht angenehm, in der Stille des Waldes so bequem dahingehen zu können. Peter und Michi inszenieren mit Rufus eine Olympiade mit Steinchenwerfen und allen möglichen Spielen, sie hüpfen herum wie junge Hunde, und keiner bemerkt so richtig, daß wir inzwischen elf Kilometer lang bergab gegangen sind, völlig in der verkehrten Richtung; wir sind vielleicht noch 800 Meter hoch anstatt 1700.
Wir haben keine Ahnung, wie das Dorf heißt, in dem wir ankommen, wir fragen auch nicht danach, und ausgerechnet dieser Zipfel fehlt auf der Karte! Immerhin existiert hier ein Wirtshaus, von dessen Besitzer wir Auskunft erhoffen, wie wir auf direktem Weg auf die Turneralpe, den Scherzberg oder den Ofnerkogel hinaufkommen. Inzwischen haben wir natürlich begriffen, daß wir einfach falsch gegangen sein müssen. Und jetzt stellt sich auch heraus, daß im Grund jeder sehr mißtrauisch war ...
In dem Wirtshaus treffen wir einige Soldaten, die uns zu unserem Mißvergnügen mitteilen, daß die eben heruntergewanderte Straße der einzige Zugang zu der eben erwähnten Berggruppe sei und wir deshalb die elf Kilometer wieder hinauf müßten. Als wir gerade resigniert be-

Göttern gleich, aber wir fallen elf
Kilometer vom Weg ab und hinunter;
jeder fühlt schon bald den Irrweg
und sagt nichts, weil es halt so kommod
ist. Und dann kommt der Augenblick
der Wahrheit, man wartet auf das
Wunder oder auf Godot, und die prakti-
schen Frauen sagen: »Jetzt mußt du
etwas tun, die Kinder können doch
schon nimmer!« Und das Wunder
kommt in Gestalt des unbekannten
österreichischen Soldaten. Der fährt
uns die elf Kilometer Schotterstraße
hinauf zum Ausgangsort. Dankbarkeit
übermannt mich, und ich gebe ihm
und seinem Kameraden den größten
Geldschein, den ich dabeihabe; ich
sage nicht: »Da, kauft euch ein Bier«,
sondern: »Da, macht euch ein Fest.«
Ich genieße die fassungslos mißtrauisch-
freudigen Blicke, und der gute Kaiser
Joseph fällt mir ein, der Sohn Maria

Theresias, von dem man mir in der Jugend viel erzählt hat, wie er unerkannt durchs Land gegangen ist und jedem Bauern, der ihm etwas Gutes erwies, einen Golddukaten schenkte.
Marietta nenne ich insgeheim immer Maria Magdalena. Sie gehört ins Evangelium. Sie ist dort nach Maria die wichtigste Frauengestalt, aktiv, klug, hingebungsvoll. Schade, daß unsere Zeit ihre Vorbilder auf den Barrikaden sucht. Meine Libuša von Mooshuben war keine Amazone wie die streitbaren Töchter jener sagenhaften Libuša, der Matriarchin Böhmens. Marietta reist, rast um die Welt, schaut das Elend an, schreibt, schreit darüber, ist präsent für den Augenblick, braucht kein ideologisches Korsett und auch kein talmudisch verknöchertes Christentum. Schade, daß ihre Lebendigkeit uns nur noch morgen begleitet.

schlossen haben, aus Köflach ein Taxi herbeizurufen – diese Straße ist zum Glück nicht gesperrt und gut befahrbar –, da treten zwei der Soldaten aus dem Haus; sie fordern uns alle sieben auf, in ihren Mannschaftsbus einzusteigen, und fahren uns den langen Weg zum Oskar-Schauer-Haus zurück.
Wie jetzt mit einem Mal die Stimmung umgeschlagen ist! Gerade eben schien noch alles ganz verkorkst, und in ein paar Minuten sind alle Lebensgeister wieder geweckt. Diese Soldaten waren richtige Rettungsengel, an sie werden wir uns noch lange gerne erinnern.
Der richtige Weg ist nun natürlich sofort gefunden; wir hätten ein Stück zurückgehen müssen, dann biegt er nach links ab und führt über Hochalmen weiter. Was folgt, ist wirklich das, was man sich unter einer Genußstrecke vorstellen kann: abwechselnd ziemlich feste Wege durch Moos oder Almweiden – teilweise mit zutraulichen, prächtigen Pferden und Fohlen –, dann Erdpfade durch leicht waldige Gebiete, durch riesige Heidelbeerfelder mit massenhaft großen schwarzen Früchten daran, und meist bleiben wir in gleicher Höhe.
Klar, daß wir heute nur noch bis zum Gaberlhaus gehen; die Anstrengung und die Zeit, die der falsche Weg gekostet hat, sind nicht mehr rückgängig zu machen. Aber zufällig haben wir für morgen eine relativ kurze Etappe eingeplant, nur sechs Stunden wären es vom Salzstiegelhaus bis nach Pack gewesen, und so werden wir ohne größere Anstrengungen das Versäumte wieder einholen können.
Das Gaberlhaus (1547 m) liegt auf der Paßhöhe einer offensichtlich noch ganz neuen Straße, deren engverschlungene, schwarze Windungen schon von weitem gut sichtbar sind und die – ein schwarzer Riesenbandwurm – als einzige den Gebirgszug der Stubalpe zwischen Weißenburg im Nordwesten und Köflach im Osten überquert.

15. Tag

Freitag, der 20. 8.

Heute, am letzten Wandertag der »sieben Aufrechten«, wollen wir in acht bis neun Stunden vom Gaberlhaus nach Pack wandern und dabei auf drei verschiedennamigen Höhenzügen entlanggehen, wenn auch nicht immer in ganzer Länge. Es sind die Stubalpe, auf der auch das Alpenvereinshaus liegt, dann die Hirscheggeralpe, auf deren Grat wir sie in ganzer Länge überschreiten werden, und schließlich ein kleines Stück der Packalpe.

Im Führer ist die Etappe unter dem verheißungsvollen Titel »Noch eine Genußstrecke« kurz zusammenfassend beschrieben, und der Weg hält durchaus das, was der Führer verspricht.

Bisher haben wir auf unserem Weg außer Kühen und Pferden noch wenige Tiere gesehen, aber heute treffen wir zum erstenmal auf ganze Rudel von Berggemsen, wie sie an einem Hang alle hinter dem größten und stärksten Tier hinterhertrotten und bei unserem Näherkommen nur langsam, in eleganten Sprüngen von Felsblock zu Felsblock, etwas höher hinaufklettern. Die graubraunen Tiere, sonst meist als überaus menschenscheu bekannt, haben sich hier längst an die täglich vorbeikommenden Wanderer gewöhnt und wissen, daß sie von diesen nichts befürchten müssen. Zudem ist jetzt auch noch Schonzeit.

Der Weg ist so angenehm, daß man die Beine beim Gehen fast nicht spürt. Die frische Luft, der kühle Wind und die milde Sonne tragen das übrige dazu bei, daß alle guter Dinge sind und auch die beiden Damen keine Anstrengung spüren. In den letzten Tagen hatten sie manchmal gestöhnt, aber jetzt wären sie wahrscheinlich fast so weit, daß sie auch die beiden letzten Tage durchhalten könnten, jedenfalls wenn wir unser »scharfes« Tempo etwas bremsen würden.

Allerdings, gar so schnell gehen wir auch wieder nicht, schließlich wollen wir ja nicht nach irgendwelchen Rekorden jagen. Zwar werden wir in Eibiswald schon nach 17 Tagesetappen ankommen – der Führer sieht 20 Tage dafür vor –, aber unsere Zeit gehört durchaus mit zum Durchschnitt: in 17 bis 23 Tagen werde der Weg von den meisten Wanderern bewältigt, sagte uns einmal ein Wirt. Und der Rekordhalter, das erzählte uns gestern Abend ein österreichisches Ehepaar, sei letztes Jahr in sieben (!) Tagen die 500 Kilometer vom Nebelstein nach Eibiswald »gelaufen«, und dieses Jahr wolle er seinen eigenen Rekord

Pack, 20. August

Nun sind wir unsere Bremsklötzerl
wieder los. Die Abschiedsmelancholie
liegt uns allen noch ein bißchen im
Gemüt. Die beiden Damen schienen
weniger bewegt, obwohl ihnen der
heutige Tag besonders gut gefallen
hat. (Vielleicht auch deshalb, weil
er ihr letzter Wandertag war.) Wandern
in solchen Dimensionen ist nicht jedermanns Sache, schon gar nicht jeder
Frau.

Der Gasthof hätte ihnen gefallen. Der
ist so zivilisiert wie sein Prospekt.
Glatte Freundlichkeit, glatte Bedienung,
glatte Rechnung. Ich habe mich so
an das Spröde, Ungewohnte, bisweilen
auch Grobe gewöhnt, daß mir diese
Glätte fast auf die Nerven geht, diese
charmante Trinkgeldhöflichkeit einer
Fremdenindustrie von höchstem Standard.

noch unterbieten. Der Mann, wesentlich schwerer bepackt als jeder von uns, sogar mit einem kleinen Zelt, legt täglich vom Sonnenaufgang bis zum Einbruch der Dunkelheit, fast ständig im Laufschritt, bis zu

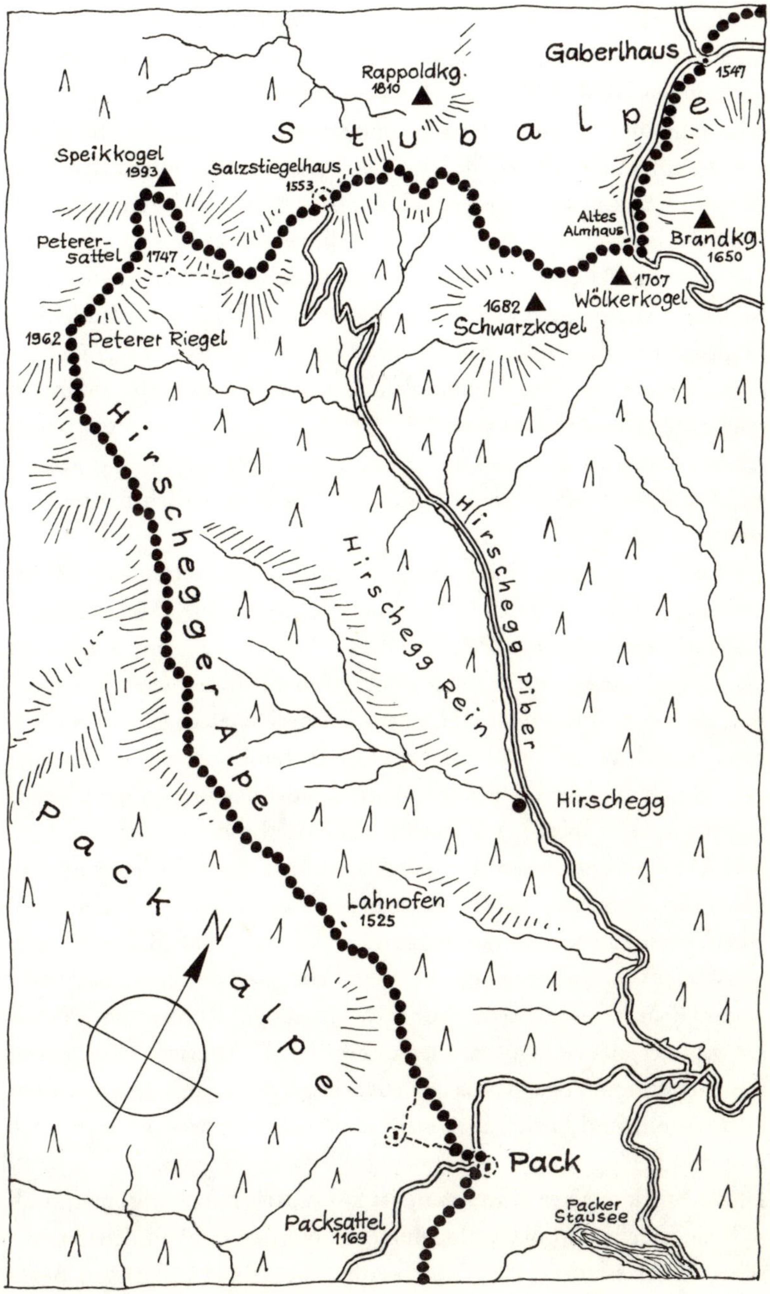

Morgen werden wir wieder den rauhen Gebirgswirtston haben, das stickige Massenquartier mit den ungelüfteten, feuchtschweren Decken und das kleine Schnarchkonzert.

Es war ein lustiges Wandeln auf der meist unsichtbaren Grenze zwischen Kärnten und der Steiermark. Am Morgen wecke ich zunächst an falschen Türen, was mir ein paar saftige Verwünschungen einträgt. Dann geht es ungefrühstückt zum Salzstiegelhaus. Wir frozzeln über Schillers »Alpenjäger« (Raum für alle hat die Erde, was verfolgst du meine Herde) und denken über den fromm-unfrommen Heinrich Heine und seine gespenstische »Wallfahrt nach Kevlaar« nach. Das Wetter gibt uns die Bilderbuchlandschaft kaum zum Fotografieren frei, dafür bieten

neunzig Kilometer zurück. Als wir das Ehepaar in Eibiswald wieder treffen, erfahren wir, daß der gute Mann seinen Rekord unterboten hat: fünfeinhalb Tage!
Eine einprägsame Gestalt ist das »Schokoladenweiberl« (warum wir sie so getauft haben, wissen wir gar nicht, der Name kam irgendwann einmal auf und er blieb ihr dann). Wir kennen sie seit dem Mugelhaus, seitdem treffen wir sie immer wieder, auf dem Weg oder in einer Hütte. Sie stammt aus Gmünd, ist schon weit über sechzig Jahre alt und geht den ganzen NSWW allein. »Ich träum' halt so gern«, sagt sie als Begründung, und sie ist auch rüstig und stark genug, fast so schnell wie wir durchzuhalten. Klar, daß sie das Bedürfnis hat, mit anderen ins Gespräch zu kommen, ein bisserl zu ratschen, und sie ist ein schlagender Beweis dafür, daß eigentlich jeder diese Strecke bewältigen kann, daß es keine Altersgrenze gibt. Im Grunde ist es nicht einmal eine Konditionsfrage, man könnte das Ganze schließlich in noch kleinere Etappen aufteilen, und man gewöhnt sich so schnell an das Gehen. Auch jemand wie unser Freund Rufus, der vorher noch nie gewandert oder eine größere Strecke zu Fuß gegangen ist – in seiner pakistanischen Heimat ist das Zu-Fuß-Gehen etwas Verpöntes –, hat schnell viel Freude am Wandern gefunden, er würde sicherlich gerne noch weiter mitmachen.
Hinter dem Salzstiegelhaus, das wir zum Frühstück besuchen, führt der Weg wieder ein Stück bergauf auf die sogenannte »Hahnscharte« (1698 m), einem kleinen Felsgipfel; jetzt befinden wir uns wieder auf der Genußstrecke und wandern auf weichem Boden über baumlose Bergrücken und Kämme. Der zweite der drei Speikkogel des NSWW befindet sich unter den verschiedenen höheren Erhebungen (der erste befand sich über dem Gleinalpenhaus, den dritten werden wir morgen besteigen, er ist mit 2141 Metern die höchste Erhebung der Koralpe). Rufus erzählt unterwegs über sein Seemannsleben, natürlich spinnt er dabei tüchtig Seemannsgarn. Zum Beispiel will er einmal Matrose auf einem amerikanischen Frachter gewesen sein, der eine Meile lang und 500 Meter breit gewesen sein soll! Und ein griechisches Schiff sei vor Tunis beinahe gesunken, wobei Schiffsjunge Rufus, der Nichtschwimmer, der einzige war, der an Bord blieb. Amüsant ist es schon, ihm zuzuhören. Sogar Maria ist heute einigermaßen mit ihrem Schicksal versöhnt und lustig, aber wahrscheinlich nur, weil sie »den Stall wittert«.
Dieses Stück unserer Wanderung ist fast mittelgebirgsartig; man fühlt sich ein bißchen an die Waldgebiete im Norden oder an den Bayerischen Wald erinnert. Die Gipfelketten, die kahlen hellgrünen Berg-

sich einige Kühe sehr freundlich an.
Wandern in der Gruppe? Jetzt habe ich ein bißchen Erfahrung gewonnen. Wer aus dem Pfadfinderalter herausgewachsen ist, muß aufpassen, daß die Gruppe nicht zu groß ist. Aber der Mensch wächst sich zu, in sich hinein. Der »Massenmensch« ist lediglich die unbewältigte Form dieser Tatsache. Wir waren »Sieben«, eine heilige Zahl, doch »Drei« und »Vier« sind auch heilige Zahlen in den meisten Religionen – und bei ihnen ergibt sich fürs Wandern leichter die Übersicht und der Zusammenhalt. Die Geschlechter? Natürlich ist eine durch die Landschaft stapfende Viermännergruppe wie wir viel trister anzuschauen als zwei verliebte Pärchen oder eben noch heute unsere Gruppe mit den zwei »Rosenflechterinnen

Im Gebiet des Hochschwab

hänge und Kuppen und die sogenannten »Öfen«, merkwürdige vereinzelte Felshaufen, die wir des öfteren auf dem Kamm der Hirschegger Alpe antreffen, dies alles sind Merkmale für »gemäßigte« Alpengebiete, es fehlen nur die bizarren Formen, dafür ist der Weg bequem. Auf beiden Seiten sieht man ungehindert ins Tal hinunter; rechts, im Westen, liegt bereits Kärnten, auf dem Grat verläuft die Grenze, ein Weidezaun aus Stacheldraht markiert offensichtlich den Verlauf. Die beiden Seiten unterscheiden sich: sanft fallen die schwarzgrünen Wälder nach Kärnten ab, von Norden und Süden, immer ungefähr parallel zu unserem Grat. Auf den ersten Waldhängen im Vordergrund sind die einzelnen Baumwipfel deutlich zu erkennen, ein Stück weiter hinten verläuft der nächste, schwarzgrüne, etwas höhere waldige Höhenzug, und so weit man sehen kann, erscheinen in der Ferne immer weitere Höhenzüge. Es ergibt sich ein richtiger, tiefer Taleinschnitt, und die Berge am Horizont vermischen sich mit der gräulich-milchigen Farbe des Dunstes. Das ist das Land der Packalpe.

Die steirische Seite im Osten bietet ein wesentlich offeneres und helleres Bild. Die langgezogenen Berghänge stehen nicht so geordnet zueinander; direkt unter uns befindet sich ein breiter lichter Talkessel, vereinzelte Häuser und das ganz kurze Stück eines Flusses.

Hinter dem Lahnofen, dem größten dieser seltsamen Felshaufen, verlassen wir die hohen Bergwiesen, den Grenzzaun und den kahlen Kamm. Es geht einigermaßen steil hinunter, bald wieder durch lichten, später immer dichter werdenden Wald, und hinter Bernstein- und Knödlhütte kommen wir auf einer holperigen Forststraße schnell und mühelos ins Tal hinunter.

Pack macht einen sehr sauberen und gepflegten Eindruck. Viele Häuser sehen ganz nach Wochenendwohnungen aus, viele mit riesigen Gärten. Der nicht besonders große Ort liegt an der ziemlich stark befahrenen Paßstraße von Köflach über den Packsattel und Wolfsberg an der Lavant.

Bald kommt ein Autobus, und nach einem schnellen Abschied steigen unsere drei Gastwanderer ein, um nach Köflach, von dort über Graz nach Leoben zu fahren. Vier fröhliche und schöne Tage haben wir zusammen erlebt, aber vielleicht ist es doch gut, daß sie uns hier nach den Genußstrecken verlassen, denn die nächsten beiden Tage werden noch einmal ziemlich strapaziös werden. Nun sind die »vier Muske(l)tiere« wieder ganz unter sich.

ins irdische Leben«. Aber es gehört zum Wandern in der Gruppe auch eine Ausgewogenheit der Kräfte. Physische Ungleichheit wirkt sich bedrückend aus – vor allem auf den schwächeren Teil. Man empfindet sich als Bremsklotz, man wittert Ungeduld bei den anderen, die rascher weiter wollen; man beißt die Zähne zusammen, kneift die Augen zu und beneidet die anderen, die lustig quatschend, alles sehend, mühelos dahinwandern und einem gar noch den Rucksack abnehmen – die Demütigung für einen Wanderer. Man nimmt sie hin in dem Augenblick, wo man die eigenen Kräfte so sehr am Ende glaubt, daß jeder nächste Schritt der letzte zu sein scheint. Aber Wandern ist ja auch der unablässige Test auf den letzten Schritt hin. . .

Oben: Blick von der Packalpe zum Pack-Stausee
Unten: Bauernhof in der Koralpe

16. Tag

Samstag, der 21. 8.

Heute, am vorletzten Wandertag auf dem österreichischen Teil des NSWW, an dem wir in ungefähr neun Stunden von Pack (1115 m) über den Großen Speikkogel (2141 m), den zweithöchsten Gipfel des ganzen Nord-Süd-Wegs nach dem Hochschwab, zum Koralpenhaus wandern wollen, machen wir es uns oft gemütlich, legen in jeder Hütte am Weg eine »Jause« ein und sind doch am Ende, addiert man die reinen Gehzeiten, eine Stunde schneller als der Führer, der mit den Zeitangaben meist sehr vorsichtig ist.
Da wir wieder wie gewohnt sehr früh und auch wieder ohne Frühstück aufbrechen, haben wir ständig das beruhigende Gefühl, genug Zeit zu haben. Gleich hinter Pack spielen wir wieder einmal Pfadfinder, denn hier ist der Weg eine Zeitlang schlecht oder überhaupt nicht markiert. Aber wer suchet, der findet – ziemlich schnell diesmal, der Weg hat sich nur hinter einer dornigen Waldhimbeerhecke versteckt; dann gibt es eigentlich keine Schwierigkeiten mehr. Recht angenehm geht es durch das hügelige Land bis zum Gasthof Steinbauer. Hin und wieder kommen wir an einem einsamen, schlafenden Waldbauernhof vorbei, wo meistens nur ein Köter wacht, einmal auch über eine langgezogene nasse Weide, auf deren Gatter vor einem wütenden Stier gewarnt wird, der es einem gemalten Warnschild nach zu schließen besonders auf Wanderer abgesehen hat. Aber zum Glück scheint er heute noch zu schlafen.
Über uns brauen sich schon seit einiger Zeit schwarze Wolken zusammen, und irgendwo auf einem freien Feld fängt es dann zu regnen an, in dicken Tropfen, die der starke Wind uns ins Gesicht bläst. Ziemlich durchnäßt kommen wir bereits nach eineinhalb Stunden im Gasthof Steinbauer an. Er liegt direkt neben den kärntnerisch-steirischen Grenzwappen, und hier halten wir das erste Frühstück, ganz für uns in einem großen, dunklen Speiseraum.
Das zweite Frühstück folgt keine Stunde später in der kleinen »Neuen Stoffhütte«, die wir nach einem Marsch durch leichten Nieselregen erreichen, jetzt hauptsächlich durch stille Nadelwälder, in denen nur Tropfen und der leichter gewordene Wind in den Baumwipfeln zu hören sind. Die schmalen grasbewachsenen Waldwege sind, je mehr wir uns der »Stoffhütte« nähern, ziemlich naß und sumpfig, die Füße blei-

Koralpenhaus, 21. August

Wie schön die Landschaft zwischen Pack und dem Koralpenhaus ist, erfahren wir nur in kleinen Portionen. Bisweilen reißt der Himmel auf, und wir schauen in weite Täler und auf noch viel höhere Berge auf diesem Schneeweg zur Koralpe.
An der Grillitschhütte – es regnet heftig – nehmen wir das abweisende »Usui proprio non publico« zur Kenntnis; Humanistenlatein im Hochgebirge . . .
Trotzdem bekommen wir in aller Gastfreundschaft und gegen »pecunia publica« eine durchwärmende Nudelsuppe.
Dann weiter hinauf zum Speikkogel (fast 2200 m) und zum Koralpenhaus.
Auf diesem Weg hätte ich gern ein Kamerateam dabei. Es gibt Situationen in der Natur, wo sich in einer Minute so viel ereignet, daß es einem Meterologen ganz schwindlig würde, während ein naturbegeisterter Fernsehzuschauer das wohlige Gefühl erlebt, wie herrlich unberechenbar doch seine Natur ist.
Das Koralpenhaus hat etwas Zwitterhaftes, denn es führt eine Autostraße hin. Trotzdem ist unser Nachtquartier

so hüttenmäßig, wie ich es mir gestern gewünscht habe.
Das Wetter hat umgeschlagen. Ob morgen vom Kreuz auf dem Gipfel ein Sonnenaufgang zu sehen sein wird, bleibt ungewiß. Es ist wie Föhn in der Luft, wie Sekt. Überhaupt keine Müdigkeit. Aber auch nicht das, was ich in München bei Föhn spüre, diese körperliche Aufgeregtheit, diesen Sex. Bis in die Träume. Wandern ist eine unerotische Angelegenheit. Wahrscheinlich wird es schon deshalb keine Massenbewegung. Auch die Träume sind unerotisch. Aber wild, abenteuerlich, beim Wachwerden so lebendig, als wäre es eben passiert. Wie der heute morgen: Den Münchner Erzbischof Kardinal Döpfner hatte man wenige Tage vor unserem Urlaub mit barock-bairischer Kirchenpracht zu Grabe getragen. Im Traum erfahre ich – unter dem Siegel der Verschwiegenheit –, daß er in Wirklichkeit entführt wurde und man nur eine Puppe statt seiner so feierlich beigesetzt hat. Vom Gewissen

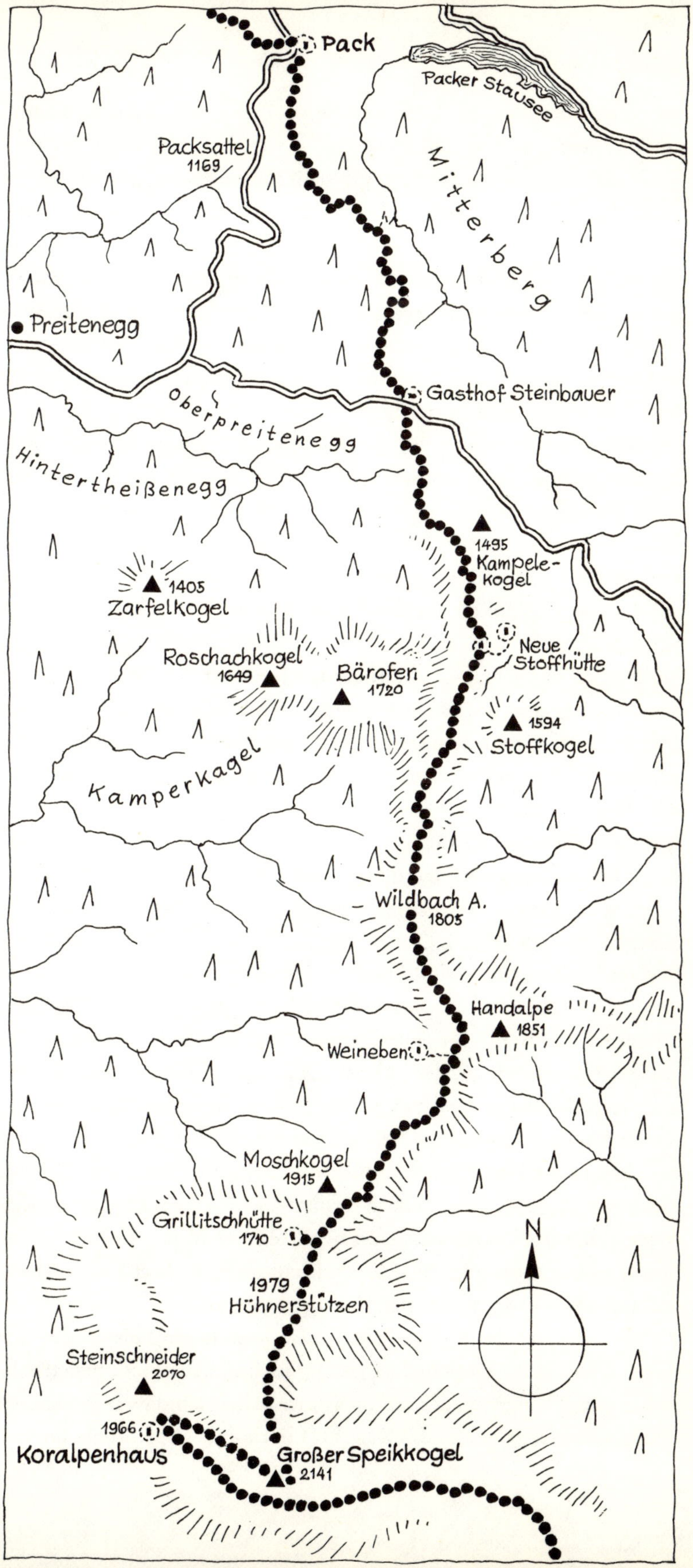

ben öfters kurz kleben oder sinken ein. Schließlich sind unsere Schuhe ganz verdreckt und vor allem naß.
Als es etwas später wieder über spärlicher bewachsene, aber höhergelegene Gebiete geht, bricht gelegentlich sogar die »liebe Warme« für einen Augenblick zwischen den vom Wind gehetzten Wolken hindurch. So einen Sonnenmoment möchte Papa gerne zum Fotografieren ausnützen, aber Peter macht dabei – wie so oft – eine kleine Kasperei, mit der er sich einen »Trottel« einhandelt. So etwas kann ein empfindsamer Dichter natürlich nicht so ohne weiteres vertragen; er ist deshalb für längere Zeit beleidigt ...
Die Weineben erreichen wir nach einer wahren Rutschpartie über steile, nasse Hänge. Sie ist erkennbar an einer ziemlich breiten Fahrstraße, einem Parkplatz und einer geschlossenen Würstlbude und soll ein beliebtes und belebtes Wochenendausflugsziel sein. Bei diesem Wetter aber ist der Parkplatz völlig leer, kein einziges Auto ist zu sehen, und mit der Bergeinsamkeit, die der Führer ab hier für verloren glaubt, ist es noch längst nicht vorbei.
Nun haben wir schon zwei Drittel der Tagesstrecke hinter uns, aber das schönste, allerdings auch anstrengendste Stück liegt noch vor, nein über uns: der Große Speikkogel; noch 600 Meter sind zu steigen. Es scheint, daß immer die anstrengendsten Etappen gleichzeitig die landschaftlich schönsten und eindrucksvollsten sind!
Auf dem nächsten Anstieg, wieder entlang eines Grenzzaunes zwischen Kärnten und der Steiermark, hat die Natur überall für unser leibliches Wohl gesorgt: die ganze Wiese ist dicht mit dicken Heidelbeerbüschen bewachsen ...
Logisch, daß wir die Grillitschhütte nicht einfach unbesucht links liegenlassen können, auch wenn sie nicht direkt am markierten Weg liegt. Sie hat für eine Berghütte eine eigentlich höchst seltsame Form: ein pagodenartiger Rundbau, der Führer vermutet, daß sie aus einer ehemaligen Kapelle entstanden ist. Von hier geht es noch einmal steil bergauf – bald hinein in die ersten Nebelfetzen – auf einen Grat.
Bei diesem starken Wind kommen die dicken Wolken am Himmel nicht zum Regnen, unsere vom Vormittag noch nassen Kleider werden sogar völlig trockengeweht. Und für Peter und Michael bedeutet der Sturm zudem noch einen Spaß, sie spielen mit Hilfe ihrer Regenmäntel »Strandsegeln« und toben sich dabei richtig aus.
Auf dem Gipfel des Speikkogels, einem gewaltigen Felsen, der nur durch Klettern zu erreichen ist (nicht viel und auch nicht gefährlich, macht den Kleinen wieder viel Spaß), weht der Wind ganz besonders heftig, er massiert richtig das Gesicht. Ein riesiges Gipfelkreuz mit der

getrieben, verrate ich meine Kenntnis
doch einem Münchner Weihbischof.
Da wache ich, im Traum, auf und
bestürme den Geistlichen meines Vertrauens, daß er nichts unternehmen dürfe,
da all das, was ich ihm erzählt habe,
nur ein Traum von mir gewesen sei.
Zu spät, sagt er mir, die Nachforschungen
laufen bereits auf Hochtouren, man
sei den Entführern auf der Spur und
werde auch den Kardinal bald befreit
haben ...
Man sollte als Wanderer neben dem
Tagebuch auch ein Nachtbuch, ein
Traumbuch führen. Die Müdigkeit
des Wanderns führt wie auch die meisten

geistig erregenden Anstrengungen nicht zu bleiernem Schlaf. Die Vielfalt der täglichen Sinneseindrücke findet auf der dunklen Seite ihre Fortsetzung, wobei Motive wie Flucht, Entführung, Kriminalität vorherrschen, während sexuelle Sinnlichkeit fehlt. Es sind aber auch keine Angstträume, Alpträume. Wohl hört man von den Schlaf- und Schnarchnachbarn im Hüttenlager gelegentlich auch halb artikulierte Mitteilungen, doch erinnere ich mich nur an optimistische Äußerungen, die dem Jodeln näherkommen als dem Angstschrei von Gefangenen oder Verfolgten.

Aufschrift »Kärnten, frei und ungeteilt« macht den Gipfel bei gutem Wetter weithin sichtbar; der Spruch ist zweifellos gegen Slowenien gerichtet, dessen Berge wir von hier aus im Süden schon erkennen können, eingebettet in einen Schaum aus hellgrauen Wolken.

Nicht weit unterhalb liegt schon das Koralpenhaus, ein ziemlich großes und geräumiges Bergschutzhaus, das viele Gäste aufnehmen kann. Leider führt aber eine Fahrstraße vom Tal hierherauf; darum wundert es uns auch nicht, daß die Gaststube voll besetzt ist und wir nur noch Platz bei zwei Wanderern finden, die wir – es ist fast logisch – schon kennen; einer ist groß und kräftig, der andere klein und schmal. Einer hat den NSWW bereits einmal durchwandert und erzählt von der morgigen Strecke. Er spricht dabei immer wieder von einer Gegensteigung am Ende des Weges, und zwar so oft, bis die beiden für uns nur noch die »ungleichen Gegensteigungsbrüder« sind.

17. Tag

Sonntag, der 22. 8.

Schon die ganze Nacht hindurch hat es gestürmt, der Wind rüttelte an den Fenstern; in der Früh lag sogar eine ganz dünne Schicht Schnee, die aber bald wieder weggeschmolzen ist. Aus dem gestern insgeheim erhofften Sonnenaufgang im Gebirge, der hier, auf dem Gipfel des Großen Speikkogels, ganz besonders schön zu erleben sein müßte, wird natürlich nichts. Als wir mit dem Frühstück fertig sind, scheint sich das Wetter gebessert zu haben, wir ziehen uns aber vorsichtshalber sofort »sturmfest« (so glauben wir zumindest am Anfang noch) an und ziehen los.

Führer und Beschilderung stimmen wieder einmal nicht überein, die Wegweiser sagen, daß man neun Stunden braucht, der Führer sieben. Ein Mann, offensichtlich von der Bergwacht, den wir nach der tatsächlichen Gehzeit fragen, sagt uns, das komme auf das Wetter an. Heute dürfte der Weg etwas langwieriger sein, und vor allem mache er sich Sorgen, daß der Sturm in der Nacht die Markierungspfosten auf dem Grat und dem unbewaldeten Südhang des Berges umgeweht haben könnte und diese durch den eben wieder einsetzenden Schneefall zugedeckt werden würden. Wir sind also gewarnt, vorsichtig zu gehen und auf gar keinen Fall die Markierung aus den Augen zu verlieren. Während des ersten kurzen Stückes ist es nur ein Schneetreiben, doch je weiter wir uns vom Haus und vom Gipfel nach Osten entfernen, um so stärker windet es, und als wir wieder einmal einen Kamm erreichen, artet der Wind in Sturm aus, reißt an den viel zu kurzen und an vielen Stellen angerissenen Regenumhängen oder bläst sie hoch, so daß die eisigen Schneekörner überall eindringen, schmelzen und uns von oben bis unten durchnässen. Durch diese Nässe am Körper und den eisigen Wind, der die Schneekörner ins Gesicht peitscht, wird uns immer kälter; wir frieren wie »nasse Hunde«. Da gibt es nur eines: weitergehen, durchhalten und auf den Weg aufpassen. Einmal beginnt der Michi, der in einer solchen Situation am ehesten den Mut verliert, ein bißchen in sich hineinzuweinen. Er möchte eine Pause einlegen, aber das wäre jetzt das Dümmste, was wir machen könnten. Hier in diesem Gebiet sind voriges Jahr im Juli zwei junge Pfadfinder aus Wien tödlich verunglückt; sie sind in ein ähnliches Wetter hineingeraten, waren durchaus gut ausgerüstet und im Gebirge eigentlich nicht unerfahren. Im

Eibiswald, 22. August

Nun hat uns der liebe Wirt Simperl
mit so viel Wein verwöhnt, daß ich
erst einmal den Kopf unters Leitungswasser halten mußte, um den Tag noch
vor dem 23. festzuhalten. Ein Tag
der Siegesfeier – die goldene NSWW-Nadel und goldene Worte des Wirtes
vor allem an unseren Peter.
Ein Sonntag. Ein Tag voller Aufregung.
Vor Sonnenaufgang bin ich am Gipfelkreuz. Doch die Sonne kommt nicht.
Ihr Aufgang hinter dickem Nebel
leitet ein Schneetreiben ein. Das Bild
dieses nationalen Grenzlandfanals
gegen die Slowenen wird auf meinem
Foto ein schattenhaftes Mahnmal an
den Herrn, der daran gestorben ist.
Auf dem Rückweg zum Koralpenhaus
verlaufe ich mich und erlebe die endlosen
Minuten der Angst und des Frierens,
der blinden Hilflosigkeit und des Ausgeliefertseins an ein Wunder. Es geschieht.
Die Kinder schlafen noch, als ich zurückkomme. Ob wir durch den Schneesturm
gehen können, frage ich beim Frühstück
in der stillen Hoffnung auf ein Nein.
Es ginge schon, wir müßten nur beisammenbleiben, die Markierung sei gut.
Und so gehen wir los, immer den
Zeitplan als Treibsatz. Und wir frieren
erbärmlich, denn für solches Wetter
hatten wir den Rucksack nicht beladen.

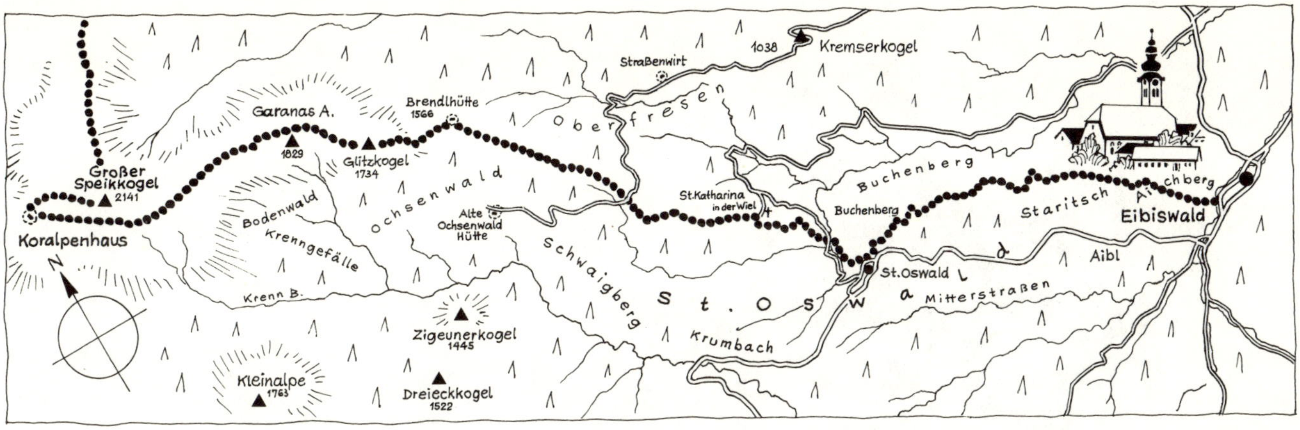

Und der Mut sinkt entsprechend der Temperatur und der Körpergröße. Michael möchte zurück, Tränen rutschen über seine Backen. Und dann auch das noch, direkt am Wege und selbst im dicksten Nebel nicht zu übersehen: ein Kreuz – hier starben am 1. Juli 1975 Christian Groß, 15 Jahre, Ralf Scheidl, 14 Jahre. Sie sind also vor einem Jahr in einem Schneesturm wie diesem erfroren.

Wahrscheinlich haben nur wenige Wanderer den Weg zur Brendlhütte so rasch zurückgelegt wie wir. Nachträglich kommt es mir vor, als wäre jeder ein bißchen wie um sein Leben gelaufen. Ich muß den Punkt auf der Karte markieren zwischen Koralpenhaus und Brendlhütte, wo der Schneesturm abbrach, wo der Nebel verschwand – von einem Augenblick zum andern –, als wäre nichts gewesen. Man lacht, man redet aufgeregt viel Nebensächliches, Wichtigtuerisches; die überstandene Gefahr wird hochgespielt fürs Familienalbum.

Der Brendlhüttenwirt macht uns den Ofen so heiß und den Tee »mit Rum«, daß der Rest des Tages über Sankt Oswald bis Eibiswald an der steirischen Weinstraße ein Sichgehenlassen wird – bis hin zum Gasthof »Drei Eiben«

Nebel verloren die beiden jedoch den Anschluß an ihre Gruppe und waren auch zu erschöpft, um zurückzugehen. Eine Gedenktafel am Wegrand erinnert und warnt gleichzeitig vor den Gefahren und Tükken der Hochalpen.

Wir sind alle recht froh, daß bei diesem Schneemarsch die beiden Frauen und Rufus nicht mehr dabei sind; wir hätten bestimmt nicht so schnell gehen können. So können wir bald an der Ostseite des Berges absteigen, endlich den Grat verlassen, auf dem der einzige Schutz riesige Felshaufen waren, ähnlich den »Öfen« auf der Gleinalpe.

Als wir gerade zwei Stunden marschiert sind – der Schnee hat sich inzwischen in Regen verwandelt, wir sind bis auf die Haut durchnäßt – sehen wir unterhalb einer von riesigen Pfützen übersäten Almwiese eine Berghütte stehen. Die Gehzeit zur Brendlhütte war im Führer und auf den Hinweisschildern mit drei Stunden angegeben, wir können es also gar nicht glauben oder es nur für möglich halten, daß wir schon da sind, und erst als wir das Schild über der Tür »Brendlhütte« lesen, wird uns klar, zu welchem Tempo uns das Wetter angetrieben hat. Es ist, als hätten wir das beim Gehen deshalb nicht wahrgenommen, weil sogar die Gedanken eingefroren sind . . .

Zum Auftauen und Aufwärmen, zum Trocknen und Stärken gibt uns der überaus freundliche Pächter reichlich Gelegenheit. Schon an der Tür empfängt er uns ganz mitleidig, nimmt uns gleich die Regenmäntel zum Trocknen ab und bringt uns in die Gaststube, an deren Ofen wir uns aufwärmen. Solange wir da sind, legt er alle paar Minuten eine neue Ladung Holz nach, um es so warm wie möglich zu machen. Er ist wirklich rührend, besonders wie er sich um unsere beiden Kleinen kümmert.

Bauernhaus bei Eibiswald

Wir hatten Hosen, Schuhe, Strümpfe ausgezogen, und das Allerunangenehmste ist das Wiederhineinmüssen in die dreckigen, feuchten Sachen (so schnell geht das Trocknen auch beim wärmsten Ofen nicht). Aber jetzt, nachdem es draußen nicht mehr so kalt ist, ist es nicht ganz so schlimm.
Es dauert nicht mehr lange, da hört es vollends auf zu regnen; der Weg führt nun fast ausschließlich durch Wald. Der ständig wehende, jetzt gar nicht mehr unangenehme Wind hat wieder einmal seinen Vorteil: bis wir in Eibiswald ankommen, hat er unsere Kleidung – mit Ausnahme der Schuhe – völlig getrocknet.
Immer zügiger geht es bergab, manchmal verfallen wir ganz automatisch in Trab. Man spürt oft ganz deutlich den großen Höhenverlust: vom Koralpenhaus – etwa 2050 Meter hoch – hinunter nach Eibiswald – Seehöhe 362 Meter, ein Gefälle von 1700 Metern, wie uns die Profilkarte erläutert.

des Josef Simperl. Von unserer »Eibenstraße« in Ottobrunn bei München
zu den »Drei Eiben« in »Eibiswald«,
dazu der steirische Ruländer und die
herzlich-routinierte Freundlichkeit
– eine gerührte Stimmung, Peter
schwimmt in Seligkeit. Und der Augenblick dieser wie jeder Ordensverleihung
hat etwas Bestechliches. Ob im Krieg,
wo man uns mit solchem Blech über
die Tristheit des eigentlich schon längst
verlorenen Lebens hinwegschmeichelte,
oder hier, wo wir wenigstens empfinden,
daß unsere Fußsohlen neu und anders
geworden sind – es ist die Freude,
in eine Gesellschaft auf »ausgezeichnete
Weise« aufgenommen zu sein, ein
Augenblick der Brüderlichkeit, des

Kurz vor dem kleinen Ort Sankt Oswald durchqueren wir das landschaftlich schönste Stück des Tages, soweit man das bei diesem Wetter beurteilen kann. Es ist ein kleines Mischwaldstück mit erdigem weichem Boden, das ganz plötzlich stark abfällt in den tief eingeschnittenen Graben eines rauschenden Wildbaches. Dies ist vor Sankt Oswald das letzte stille und abgeschiedene Bergwaldstück, in dem sich die Bäume in den seltsamsten Stellungen an die steilen Hänge krallen und in dem die Natur noch fast unberührt ist.
Gleich dahinter beginnt die von unseren beiden »Gegensteigungsbrüdern« so in Verruf gebrachte »Gegensteigung«: ein kleiner Hang, den wir in zehn Minuten überwunden haben. Viel Lärm um nichts! Von nun an führt der Weg nach Eibiswald praktisch nur noch auf einer – immerhin unbefahrenen – Teerstraße, später auf einem Schotterweg über weite Felder und an ausgedehnten Weinbergen entlang (hier beginnt vermutlich die steirische Weinstraße).
Gleich beim Ortseingang steht auf einem kleinen Rasenstück ein großer, nur roh behauener Stein mit einem Edelweiß, dem Symbol des Österreichischen Alpenvereins, der NSWW-Gedenkstein, gewidmet allen, die den Weg bis hierher in voller Länge durchwandert haben. Im Gasthof »Drei Eiben« werden wir herzlich aufgenommen, mit den fürsorglichen Worten des väterlichen Herrn Josef Simperl: »Setzen Sie sich, ruhen Sie sich aus, Sie haben Ihre Beine jetzt lange genug strapaziert.« Und dann ist er ganz erstaunt, daß wir noch gar nicht ans Ausruhen und Aufhören denken, sondern noch ein paar Tage in Slowenien anhängen wollen. Seine große Bewunderung gilt wie die der meisten Leute unserem Peter, wie der mit seinen elf Jahren das alles so prima durchgehalten hat.
Als Herr Simperl erfährt, daß wir für die »Slowenische Bergtransversale« noch keinen Führer besitzen, macht er sich gleich daran, bei Nachbarn einen solchen in deutscher Sprache zu besorgen. Außerdem gibt er uns den Hinweis, daß wir nicht so ohne weiteres nach Radlje, dem ersten Ort am jugoslawischen Wanderweg, hinüber können. Der Radlpaß zwischen Eibiswald und Radlje, über den auf dem sogenannten Römerweg die Verbindung zwischen den beiden Orten läuft, kann nur im Kleinen Grenzverkehr benutzt werden. Für Wanderer aus anderen Ländern wird keine Ausnahme gemacht, das erfährt Herr Simperl, als er sich telefonisch für uns vergewissert. Das finden wir natürlich ziemlich seltsam, wenn der Weg dorthin schon entsprechend markiert ist, aber zu ändern ist nichts an der Sturheit der Bürokratie . . .
Nach einem reichhaltigen und guten Abendessen findet zu unserer Überraschung die Verleihung des Wanderordens statt. Wir hatten ge-

Miteinanderseins von Menschen, die ein spezielles Interesse verbindet. Das wird bei der Vielfalt der Interessen nicht lang halten. Aber es ist ein schöner Abend.
Morgen also nach Jugoslawien. Nach Slowenien. Man spürt den Grenzlandkampf nicht nur auf dem Gipfelkreuz der Koralpe, sondern auch hier. Sicher möchte kein österreichischer Slowene das politische System im Süden – dieses lätschert kommunistische – eintauschen gegen das lätschert demokratische des Rest- und Kleinösterreichs. Aber die Nation ist in solchen Gebieten etwas wie ein unsichtbares Siegel, eine Taufe des 19. Jahrhunderts. Die Binnendeutschen werden und können

dacht, man müsse die Stempelsammlungen erst einschicken und bekäme dann den Orden samt Urkunde nach Hause geschickt, so steht es jedenfalls im Wanderführer. Jetzt bekommen wir ihn gleich nach Abschluß der Wanderung, zu einem Zeitpunkt, an dem wir sie noch in den Knochen spüren, und das ist natürlich unvergleichlich netter, als ihn einfach in einem Briefkuvert geschickt zu bekommen.

Herr Simperl schreibt jedem eine Widmung unter die Stempelsammlung, seine Frau heftet uns die kleinen, goldenen Wandernadeln an die Brust. Alle werden wir für unsere Leistung bewundert und gelobt, zu Peter sagt Herr Simperl: »Nur weiter so, solche Kerle wie dich braucht die Zukunft!«

Am Ende des österreichischen Nord-Süd-Weitwanderweges haben wir eine kleine Statistik aufgestellt, eine zweite folgt am Ende des Jugoslawienweges. Diese hier ist sicher subjektiv und bewertet alle Unterkünfte und Quartiere entlang des NSWW, wo immer wir in den letzten 17 Tagen übernachtet haben. Jeder von uns vieren stufte die einzelnen Quartiere der Qualität nach ein, das beste konnte bis zu 17 Punkten erhalten, das schlechteste allenfalls einen. Beurteilt wurden Gemütlichkeit, Freundlichkeit der Leute, Qualität des Essens und auch Komfort (den ein Wanderer eigentlich nicht unbedingt braucht, aber doch ganz gerne hat). Die Addition ergab folgende Wertungen:

1.	Sebans	Göß	63 Punkte
2.	Seehof	Seewiesen	60 Punkte
3./4.	Alpenhof	Pack	56 Punkte
3./4.	Haus Österreicher	Spitz	56 Punkte
5.	Simperl	Eibiswald	54 Punkte
6.	Weißes Rössel	Melk	51 Punkte
7.	Neulinger	Liebenau	48 Punkte
8.	Grassmann	Plankenstein	36 Punkte
9.	AVH Gaberl	Köflach	35 Punkte
10.	Koralpenhaus	Koralpe	32 Punkte
11./12.	Steinacher	Mooshuben	30 Punkte
11./12.	Digruber	Lackenhof	30 Punkte
13.	Gleinalpenhaus	Gleinalpe	18 Punkte
14.	Huber	Traunstein	17 Punkte
15.	Nebelsteinhaus	Sankt Martin	12 Punkte
16.	Mugelhaus	Niklasdorf	10 Punkte
17.	Leobener Hütte	Präbichl	4 Punkte

das nie begreifen, was einen Böhmendeutschen, einen Oberschlesier, einen Südsteiermärker oder Südkärntner, was einen Südtiroler erregt, bewegt und zu sinnlosem Tun verleiten kann. Der Konfessionen- und Nationenkampf hat weit mehr als der Klassenkampf die europäische Geschichte bestimmt. Die Grenzvölker sind dafür Zeugen. Zu beneiden sind sie darum nicht.

PS des Vaters: diese Tabelle ist ein Zeugnis für die Bequemlichkeit; nachträglich erscheinen gerade die Leobener Hütte und das Mugelhaus als die zünftigsten und deshalb schönsten Wandererquartiere.

18. Tag

Montag, der 23. 8.

Heute ist so ein richtiger Faulenzertag für uns. Die wenigen Kilometer über den Radlpaß dürfen wir der seltsamen Grenzbestimmungen wegen nicht gehen. Wir müssen uns nur zeitig um irgendwelche Bus- oder Bahnverbindungen nach Radlje kümmern, und dabei lernen wir Eibiswald ein bißchen kennen, bei strahlendem Sonnenschein und nicht zuletzt durch eine kleine Broschüre, die Auskunft über die Geschichte gibt – der Markt Eibiswald ist knapp über 800 Jahre alt –, über Sehenswertes in der Umgebung, über Wandermöglichkeiten und über alle möglichen Einzelheiten.
Immer wieder taucht der Name Hans Kloepfer auf, auf den die Eibiswälder offensichtlich mächtig stolz sind. Dieser Hans Kloepfer – ein nach ihm benanntes Museum befindet sich im Ort – ist ein ziemlich bekannter Heimat- und Mundartdichter. Über seinen Heimatort Eibiswald schrieb er unter anderem folgendes:
»... Es ist ein Markt in Steier, der hebt, wie billig, an mit Kirche und Schulhaus über der Brücke im Tal und steigt an sonniger Lehne breit und behaglich hügelan zum obersten Platz, wo die Linden stehen und unterm Tor der Gasthöfe die dicken Fleischerhunde in der Sonne schlafen.
Und halbwegs am Hange, gerade noch nahe genug dem Rauschen des Wehres drunten und dem Lohgeruch vom wassernahen Gerberanger, steht ein Haus mit Blumen am Zaun und Hof und Garten dahinter. Wer da eintritt ins steinkühle Vorhaus, den grüßen zwei liebe braune Augen, und ehe er sich's versehen, sitzt er im Polsterstuhl vor gelbem Maisbrot und goldklarem Birnmost und sieht geruhig durchs Fenster auf die heiße Straße, darauf der Werktag gemächlich seiner Wege geht ...«
Auch ein Gedicht von ihm gibt ein ganz hübsches und liebenswertes Bild des Ortes wieder.

Eibiswald – wie weich und linde
schmiegt der Name sich zum Klang,
wie ein Lied, das einst dem Kinde
froh zum Spiel die Mutter sang.

Mahrenburg/Radlje, 23. August

Der Sozialismus hat mich wieder,
dieser bürokratische Einfall, allen menschlichen Charme in die privatesten Winkel seines Innenlebens zurückzudrängen.
Alles ist irgendwie muffig – sogar das Benzin stinkt mehr. Armut mag ja ein schöner Glanz von innen sein, aber diese organisierte Dürftigkeit bei so geschickten, erfindungsreichen und schon einmal viel weiter vorangekommenen Völkern wie den Slowenen macht mich wütend.
Der ganze Ort trägt noch deutsche Tradition. Die Totentafeln in der Kirche erzählen von alten Familien. Übrigens sind auch die Schweizer Maggis dabei, deren Suppenwürze ihnen millionenfach Geld und Ruhm bringt.
Unweit westlich von hier bin ich 1945 als flüchtender Landser nach Norden gegangen, Drauburg. Dort war ich

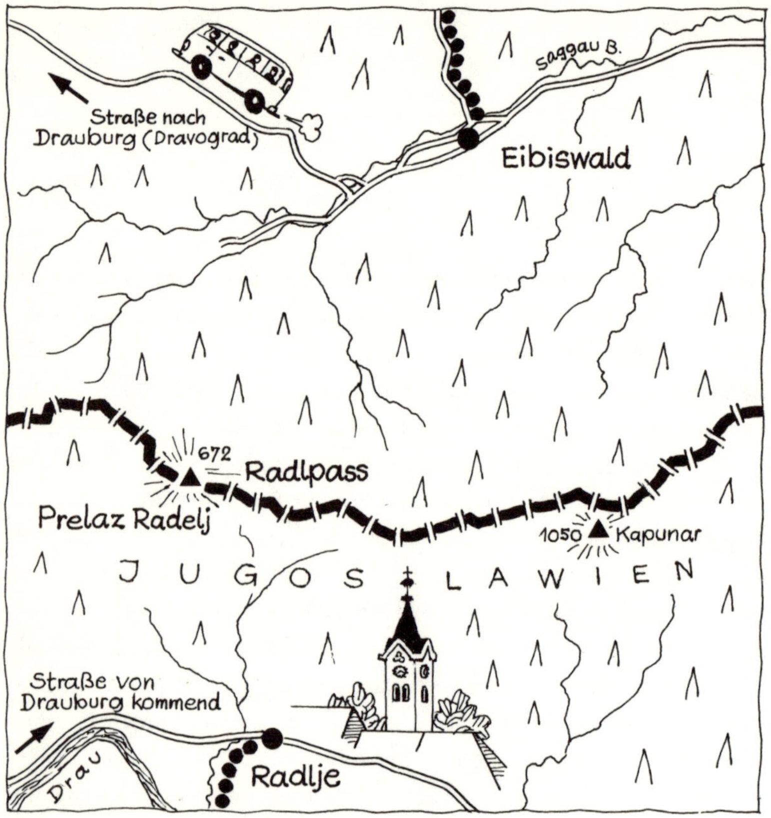

Wie es an behäbig breiter
Lehne hügelan sich baut,
wards zum Bild, das sonnig heiter
mir ins dunkle Leben schaut.

Wir haben allerdings nicht die Möglichkeit, Eibiswald in dieser Art zu sehen, wir betrachten es heute mehr mit den Augen von Touristen, und daneben geht es uns ja hauptsächlich darum, wie wir möglichst schnell und unkompliziert nach Radlje kommen können. Und das ist – wie wir schon wußten – gar nicht einfach. Die »beste« Möglichkeit erfahren wir im Verkehrsamt: erst mit dem Bus nach Wies, von dort mit einer Bummelbahn über Deutschlandsberg nach Graz, dann mit dem Zug über den Grenzübergang Spielfeld nach Marburg und schließlich mit dem Bus nach Radlje. Das würde bedeuten: wenn wir sofort, um 10 Uhr von Eibiswald losführen, wären wir gegen Abend in Radlje, etwa acht Stunden Reise- und Wartezeit für eine Strecke, die wir in direkter Linie und zu Fuß in weniger als zwei Stunden zurücklegen könnten. Auf der Übersichtskarte vorn wird die Umständlichkeit dieser Odyssee Eibiswald–Graz–Maribor–Radlje deutlich.

im Rathaus, um den Engländern zu melden, daß ich erfolgreich nach dem »Westen« geflohen sei. Eine Sekretärin klärte mich auf, daß ich ebensogut hätte bei Tito bleiben können; hier würde man die deutschen Soldaten zusammenfangen und nach Italien oder Belgien zur Zwangsarbeit bringen. So habe ich mich dann nach Böhmen durchgeschmuggelt.

Mai 1945: Erbärmlicher Rückzug von Agram über Laibach nach Villach. Doch so weit kommen wir nicht. Ich sehe noch das Mütterchen mit dem Wasserkrug, das uns damit mehr hilft, als es denken kann. »Ach Gott«, jammert sie, »jetzt hat der Kaiser wieder verloren, und die Deutschen müssen wieder fort, und das alte Elend ...« Ich versuchte etwas zu erklären, aber das war sinnlos. Und dann waren wir über Nacht Gefangene von Marschall Tito und seinen Partisanen. Kriegsrechtlich schien mir das komisch. Man machte mich Zwanzigjährigen zum Kompaniechef einer »Gefangenenkompanie«. Und dann kam der mit dem Galgengesicht, den niemand hatte leiden können. »Leutnant, jetzt ist's umgekehrt, jetzt kommandieren wir, und Sie müssen parieren!« Als ich nicht recht begriff, zeigte er mir einen handgeschriebenen Zettel der Partisaneneinheit, die ihm als deutschen Altkommunisten einen Passierschein nach Hause ausstellte. Wie glücklich war ich über die Verwandtschaft des Slowenischen mit dem Tschechischen. Ich merkte mir den Schein fotografisch genau und schrieb dann Entlassungsscheine für jeden, der wollte – aber es waren (mit mir) nur drei. Die Angst war größer. Noch größer war dann der Jammer, als die Zurückgebliebenen später erfuhren, daß ich mich durchgeschlagen und drei Jahre meines Lebens freibekommen hatte, in denen sie in der Gefangenschaft erbärmlich dahinvegetieren mußten ...

Die Welt ist auch heute noch mit Brettern vernagelt. Von Eibiswald nach Radlje sind es sieben Kilometer. Um mit einem deutschen Paß als Europawanderer dorthin zu kommen, muß man hundert Kilometer (mit dem Auto) zurücklegen, denn auf dem Paß gibt es nur den kleinen Grenzverkehr. Der gute Wirt Simperl fährt uns, erzählt uns vom Grenzlandkampf, in dem er natürlich ganz Partei ist, freut sich, daß ich mich auf Slowenisch so gut verständigen kann, meint gar, daß wir wohl als erste den europäischen Wanderweg über Eibiswald hinaus schaffen würden.

Als Herr Simperl das ganze Ausmaß der Schwierigkeiten erfährt, erklärt er sich spontan bereit, uns mit dem Auto über die Grenze bei Drauburg (Dravograd) zu fahren; allein könne er ja dann über den Radlpaß zurück. Die große Hilfsbereitschaft dieses liebenswürdigen Mannes hat uns manche Beschwernis erspart.

Gegen 15 Uhr sind wir glücklich in Radlje – wir haben vorher noch bei Simperl zu Mittag gegessen – im Hotel »Kozjak«, das so ziemlich das einzige intakte und saubere Haus des triste wirkenden Ortes zu sein scheint. Dort haben wir zunächst Zeit, verschiedene Sachen wieder in Ordnung zu bringen und, vor allem, die Wandertage in Slowenien genau zu planen.

Drei Tage wollen wir noch wandern, ungefähr hundert Kilometer, und zwar in zwei kürzeren und einer längeren Etappe bis nach Motnik, einem Dorf unweit von Ljubljana.

Radlje macht, wie schon angedeutet, keinen sehr erhebenden Eindruck. Die Häuser der Bauern und Arbeiter stehen alle fast in einer Reihe an der Hauptstraße, alle mit halb verfallenen Fassaden, ebenso die Kirche, auf deren Grabplatten man erfährt, daß es sich um das ehemalige Mahrenberg handelt (was uns natürlich auch nicht viel sagt) und daß hier einmal sehr mächtige österreichische Adelsgeschlechter gesessen haben, deren Namen in den Platten verewigt sind.

Kirchturm in Radlje

19. Tag

Dienstag, der 24. 8.

Vor Beginn der Wanderung durch Nordslowenien, über den Bachern, durchs Mislinja-Tal, über den Sleme, das Savinja-Tal nach Motnik, schnell noch ein Zitat, und zwar die Einleitung des jugoslawischen Wanderbüchleins.

»Der Wanderweg ›Von der Drau zur Adria‹ soll vor allem Werktätige anregen, ihre Freizeit in der Natur zu verbringen und in ihrer Urlaubszeit auf Fußwegen zu wandern, einzeln, mit Familien oder in Gruppen, was eine billige, zeitgemäße und wirksame Erholung darstellt. Dementsprechend ist der Wanderweg angelegt worden. Wir werden durch touristisch wenig erschlossene Gebiete Sloweniens und kroatischen Küstenlandes geführt und mit der Kultur, Geschichte und Natur dieses Gebietes bekannt gemacht.

Der Wanderer kann auf dem ganzen Wege das Leben und die Arbeit der Einheimischen kennenlernen sowie auch die Umstände, die über ihre Existenz auf ihrem Grund und Boden entscheiden . . . Er soll auch im internationalen Rahmen zur Erkenntnis der Umweltschutzpflicht, zum gegenseitigen Kennenlernen der Völker und zum Frieden auf der Welt beitragen.«

Daß jugoslawische Arbeiter in ihrer Freizeit Erholung beim Wandern in der Natur suchen, das ist offensichtlich »nicht drin«; wir jedenfalls treffen in den folgenden drei Tagen nicht mehr als fünf andere Wanderer, von denen vier aus Österreich kommen; nur ein einziger älterer Herr ist Einheimischer. Auch beim Durchsehen der gelegentlich ausgelegten »Wandergästebücher« finden sich fast nur deutsche und österreichische Namen. Wahrscheinlich liegt das an der Mentalität: je weiter man nach Süden kommt, um so weniger werden die Beine bewegt; das wird bei anderen Südeuropäern ähnlich sein.

Immerhin sind wir überaus angenehm überrascht, wie gut und zuverlässig die Markierung – ein roter Kreis mit gelbem Punkt in der Mitte – gelegt ist, wir verlaufen uns nicht ein einziges Mal.

Und noch eine Kleinigkeit vorneweg in bezug auf den eben zitierten Text: Von Kultur sehen wir in diesem Gebiet nicht allzuviel, ebensowenig von seiner Geschichte, wenn man von den überall, in jedem Ort und auch oft mitten im Wald stehenden Partisanendenkmälern aus der jüngsten Vergangenheit absieht; das historisch wirklich

Slovenj Gradec, 24. August

Auf einem slowenischen Sportflugplatz zu übernachten ist ein apartes Erlebnis. Man soll zwar nicht zu viel Ideologie in Zufälligkeiten hineingeheimnissen, aber daß wir gestern in einem für ein so kleines Nest zu groß geratenen Hotel wohnten, der einzigen Übernachtungsmöglichkeit, und heute hier in einer Minibungalowsiedlung am Rande eines öden Flugplatzes, das weist doch auf die kindlich ungetrübte sozialistische Freude an der Technik hin, wie sie schon Lenin mit seinen Elektrifizierungsparolen verkündet hat. Dabei läßt sich Großes, Schnellhingesetztes weder ästhetisch noch solide bewältigen.
Der Spätkapitalismus scheint da mehr Skrupel zu entwickeln. Natürlich ließen sich beispielsweise der Wiederaufbau

von Frankfurt und der von Warschau als Gegenbeispiele anführen.
Heute morgen fühlte ich mich noch etwas unsicher im sprachfremden Land. Vor allem: wie werden wir bei den viel schlechteren Landkarten den Weg finden? Im Westen sehe ich das Waldstück, wo 1945 die ganze Flucht mit einem Schlag gescheitert zu sein schien. Wir saßen an einem der neuen Grenzsteine, die nach Hitlers Jugoslawienkrieg ein Stück Südsteiermark »heim ins Reich« geholt hatten, und waren dabei, das Fleisch eines in den Bergen eingefangenen Lämmchens abzukochen. Plötzlich, nur dreißig Meter von uns, taucht ein Trupp schwerbewaffneter Partisanen auf. Ich stammle etwas, daß wir tschechische Zivilarbeiter seien, zeige die gefälsch-

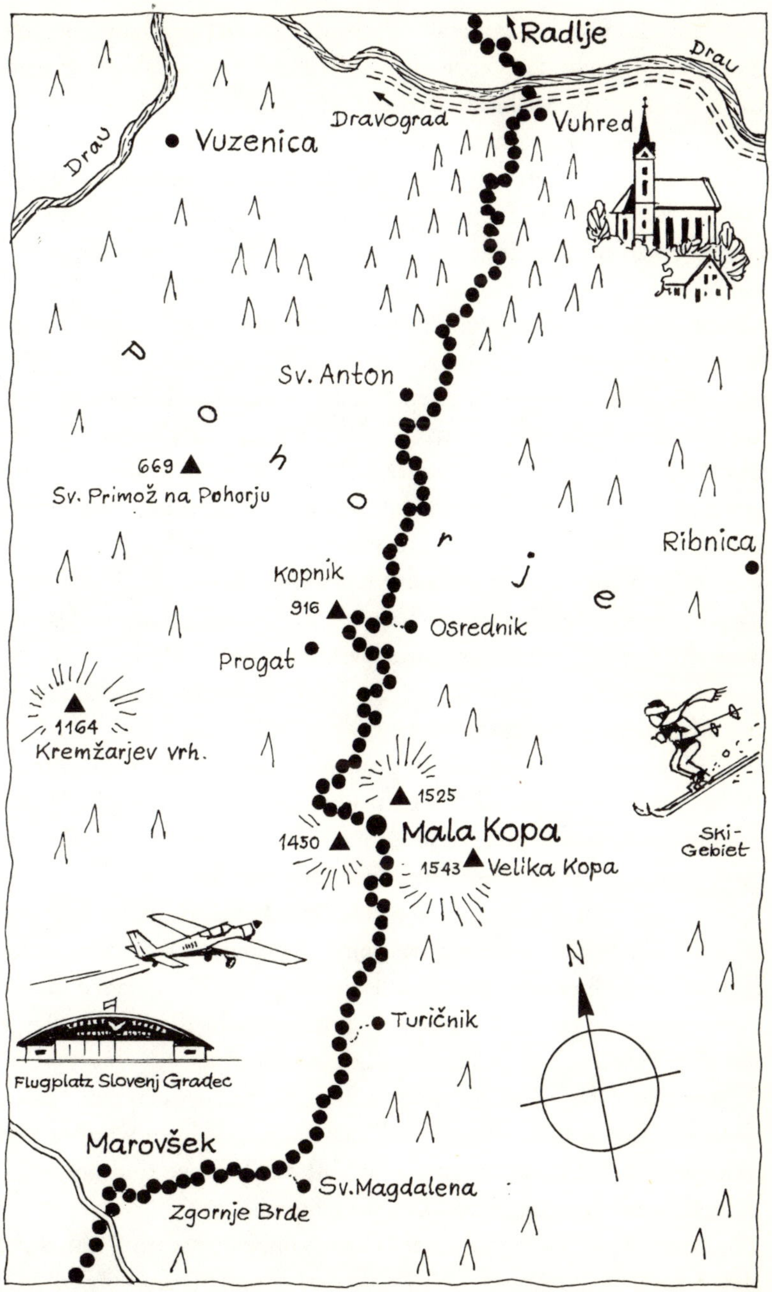

bedeutsame Kulturgut dieser Gegenden wie Häuser, Kirchen und Burgen befindet sich im Verfall, die Kirchen sind alle geschlossen; auch treffen wir kaum ein Haus mit schöner Fassade an, wie wir es zum Beispiel aus Österreich gewohnt sind.

Dafür ist die Natur fast überall unberührt, wo nicht gerade dringend Holz benötigt und dann eben ein Gebiet gleich völlig kahlgeschlagen wird. Aber solche Stellen treffen wir zum Glück nur sehr selten an. Wir haben heute richtig heißes Wetter, die Sonne brennt vom Himmel, so heiß war es in Österreich an keinem Tag. Man könnte glauben, allein das Überschreiten der Staatsgrenzen von einem mittel- zu einem südeuropäischen Staat genüge, um in ein tropischeres Klima hineinzukommen.

Kurz nach dem Verlassen von Radlje, nach einem Weg vorbei an weiten ebenen Kornfeldern, überschreiten wir bei Vuhred die Drau. Bisher kannten wir sie nur von einem früheren Urlaub in Kärnten her, wo sie ungemein reißend dahinströmt, dreckig, schmutzigbraun. Hier ist das Wasser auch schmutzig, voller Abfälle, aber nicht braun, sondern giftig grün, außerdem ist fast keine Strömung bemerkbar, vermutlich ist der Fluß hier in der Nähe gestaut.

Papa erzählt uns unter dem Eindruck der Drau über seine abenteuerliche Flucht aus der Gefangenschaft vor über dreißig Jahren. Das ist auch der Grund, warum er gerne diese Tage in Slowenien anhängen wollte: Auf seiner Flucht sah er dieses Land bei Nacht, jetzt möchte er endlich sehen, wie es wirklich beschaffen ist.

Bald hinter dem Ort Vuhred, in dem ein Eisenwalzkombinat oder so etwas Ähnliches fürchterlichen Lärm und Gestank verbreitet, befinden wir uns schon wieder im allerruhigsten Wald, vor der Sonne geschützt. Aber trotz der schattigen Kühle kommen wir ziemlich schnell ins Schwitzen, denn es geht steil bergauf. Dem Führer sind, ähnlich wie dem für Österreich, mehrere zusammengehörige Profilkarten beigelegt, die die Höhenunterschiede mit allerdings ziemlich geraden Linien kennzeichnen. Das hat zur Folge, daß die gar nicht allzu hohen Berge auf dem Papier schier unüberwindlich aussehen.

Mitten im tiefsten Wald, an einem steilen, dornenbewachsenen Hang, steht eine alte verfallene Burgruine, an deren bröckeligen Wänden sich Efeu und andere Pflanzen emporranken; die Zugänge sind undurchdringlich mit Dornengestrüpp zugewachsen.

Ein Stück weiter oben, auf einer lichten Kuppe über dem Wald, steht das Kirchlein Sv. Anton (Svati = Sankt) inmitten eines Friedhofs. Diese Kapelle sieht noch gar nicht verfallen aus, aber geschlossen ist sie natürlich.

Nach einem kurzen Abstieg geht es wieder schnell bergauf, oft über abgeholzte Lifttrassen, in denen der Weg vor lauter Gestrüpp und Dornen fast nicht zu finden ist. Etwas später erfahren wir, daß es das Wintersportzentrum an der Mala Kopa im Bacherngebirge ist, das wir

ten Papiere, sage, oben auf der Höhe hätte uns gerade eine Grenzpatrouille diesen Weg geschickt. Da werden sie hellhörig. Wo? Dort – ich zeige in Richtung Süden. Da geben sie sich als Ustaschaleute zu erkennen, Soldaten des Kroatenführers und Serbenmörders Ante Pavelič, die in der Heimat nichts Gutes erwarten dürfte. Jedenfalls haben sie sich vorsichtshalber als Partisanen maskiert. Wir tauschen Fleisch gegen Zigaretten und Schnaps. Der Schock ist vorbei; er war gar nicht so groß, der Krieg hatte uns längst abgestumpft. Die Menschen hier – natürlich keine Wanderer (bisher zumindest) – sind sehr hilfsbereit, sehr freundlich. Trotz der vielen Partisanendenkmäler am Weg, die an das Grauen vor mehr als dreißig Jahren erinnern, merkt man keinen Deutschenhaß. Mit einem Kellner auf der Mala Kopa spreche ich über die Slowenen in Kärnten. Denen ginge es materiell doch besser als uns hier, meint er. Gewiß, Europa

Einige von unseren Fotos, von links nach rechts: Unter dem Hochschwab – Gipfelkreuz auf der Koralpe vor Sonnenaufgang – Rast vor Motnik – Steirisch-kärntnerisches Grenzgespräch – Regen auf dem Ötscher – »Gold« in Eibiswald

zur Zeit durchwandern. Es gibt einige Schlepp- und Sessellifte, und der Mittelpunkt des Ganzen ist das große Schutzhaus auf dem Gipfel der Mala Kopa (1450 m), das Partizanski dom. Hier verweilen wir auch etwas und bekommen zum erstenmal eine echte jugoslawische Spezialität: Čevapčiči, überaus scharf gewürzt, besonders die Zwiebeln haben es in sich. Sie werden sich noch bis zum Abend (bis zu den nächsten Čevapčiči) in ständiger Erinnerung erhalten. Übrigens: die Mala Kopa ist die höchste Erhebung auf unserem kurzen slowenischen Wanderweg, dahinter geht es gleich tief herunter – wir verlassen das Bacherngebirge schon wieder – in das Mislinjatal.

Die Höfe, die wir auf unserem Abstieg passieren, scheinen fast alle menschenleer; überall sind die Bauern mit ganzen Familien in den Feldern, hin und wieder sieht man welche mit Eselsgespannen. Gelegentlich wandern wir über saftige grüne Wiesen mit Apfel-, Birnen- und Pflaumenbäumen, wobei wir im Gras – gar nicht ungern – recht gute Früchte finden.

Während wir durch die kleine Ortschaft Marovšek kommen und kurze Zeit später an einem Feldrain entlang auf »Letališče« = slowenisch: Flugplatz – zugehen, fragen wir uns, was das für ein Flugplatz sein könnte. Es handelt sich dann auch nur um eine Rasenfläche für kleine Sportmaschinen; etwas anderes hätte es auch gar nicht sein können. Neben einem recht modern aussehenden Flugzeugschuppen stehen drei winzige Maschinen, von denen später eine sogar fliegt. Nebenan befindet sich ein Restaurant, allerdings scheint man hier nie recht viele Gäste zu haben – außer vielleicht an Wochenenden. In einem kleinen Wäldchen hinter der Halle sind mehrere Wohnbaracken für Urlauber aufgebaut – in einer solchen werden auch wir übernachten. Wohnwagen und Campingzelte stehen herum, eigentlich eine wunderliche Nachbarschaft für einen Flugplatz!

wäre die Lösung, aber das ginge ja nicht bei diesem zerhackten Zustand. Das gehe ja auch nicht in Jugoslawien, provoziere ich. Er lacht. »Wir Slowenen arbeiten am meisten und werden deshalb von Belgrad am meisten geschröpft.«
Ich glaube ihm nicht ganz. Vor sieben Jahren hörte ich bei einem Besuch in Belgrad viel über den fast separatistischen slowenischen National- und Landesegoismus klagen.
Die Čevapčiči und der Rotwein sind herrlich. Heute sind wir wieder einmal sehr müde. Das dauernde Auf und Ab hatten wir bei der steirischen Höhenwanderung ganz verlernt und vergessen.

Ljubljana, Hauptstadt Sloweniens

20. Tag

Mittwoch, der 25. 8.

Der heutige und längste Wandertag in Jugoslawien – zehn Stunden nach Mozirje – findet wieder bei südlicher Sommerhitze statt, und am Ende dieses schönen Tages sind wir wieder einmal richtig »geschlaucht«, richtig müde, wie schon die ganzen letzten Tage nicht mehr.

Eigentlich wollten wir heute besonders früh aufstehen, so gegen vier Uhr, aber die bisher immer so einwandfrei funktionierende innere Uhr von Papa scheint heute aus dem Rhythmus gekommen zu sein, und wir verschlafen – bis kurz vor halb sechs. Dann machen wir aber schnell; wenig später können wir die Holzbuden verlassen und sind schon auf dem Weg durchs morgendliche Slowenien. Im Vergleich zu Österreich arbeiten die Bauern hier schon wesentlich früher in den Feldern. Sie grüßen freundlich mit »dobr dan« und sehen uns meist etwas verwundert nach.

Mozirje, 25. August

Wir sind alle etwas euphorisch ausgelassen, denn morgen ist der letzte Wandertag. Die beiden Kleinen freuen sich auf das Faulenzen am Adriastrand, Christian wohl mehr auf die Städte – Laibach, Rijeka, Venedig vor allem, und ich merke, wie eine Last von mir abfällt, die ich in den letzten Wochen negiert hatte. Wo werden wir essen, wo werden wir schlafen, wie werden wir durchhalten, was wird uns zustoßen, wie wird es daheim zugehen, bei Maria, bei den Großmüttern, was macht der todkranke Schwiegervater ...? Karten haben wir ja unzählige geschrieben, auch immer wieder Post vorgefunden und zweimal telefoniert. Beim Wandern kann man die Alltagssorgen fast mühelos verdrängen, die Arbeit im Büro noch leichter als das Private. Jetzt kommt es wieder stärker ins Bewußtsein, aber mit einem dankbaren Gefühl gepaart, daß alles so gutging.
Christian tut es leid, daß ich vorhin die vom Wirt übermittelte Einladung eines slowenischen Studenten zu einem Bier abgelehnt habe. Ich hatte ihn schon eine Zeitlang monologisieren hören, mit jedem Sliwowitz ein paar Phon lauter. Es war kein Liebeskummer, sondern ein politischer Katzenjammer, zumindest vordergründig. Was er über Tito sagte, war ein Schnellkurs in slowenischen Kraftausdrücken. Sozialismus setzte er mit Zuchthaus gleich, und am wütendsten polemisierte er gegen die atheistische und antikirchliche Politik. Die Gäste an den anderen Tischen überhörten oder ignorierten ihn zumindest, manchmal lachte einer nicht unbeifällig.

Sonst hat sich eigentlich nicht viel verändert: die Wälder ähneln denen in der Gegend von Ötscher und Mariazell, die Berglandschaft ist geradezu eine Fortsetzung der Gleinalpe, allerdings jetzt etwas flacher werdend. Gestern kamen wir zum Beispiel mit der Mala Kopa immerhin noch auf 1450 Meter, heute wird die höchste Erhebung, der Sleme, nur mehr 1088 Meter betragen, und morgen werden wir bei Maria Čreta schon bei 940 Metern die höchste Stelle erreichen. Wenn man die »Slowenische Transversale 2« weiter bis zum Meer, zur Adria, gehen würde, dann müßte man nur noch über einen Berg, der höher ist als 1000 Meter, den Veliki Snežnik, 30 Kilometer vor dem Küstenstädtchen und Zielort Volosko bei Rijeka.
Wir kommen, wie immer in der Früh, überdurchschnittlich schnell voran. Nach weniger als zweieinhalb Stunden sind wir in Razbor, einem winzigen Bauerndorf, das mit der Außenwelt nur durch eine kleine holperige Staubstraße verbunden ist.
In Razbor finden wir ein Bauernhaus, vor dem auf einer Art Veranda ein paar alte grobe Holztische und Holzbänke aufgestellt sind. Das ist die Kontrollstelle (in Jugoslawien kann man auf ähnliche Weise wie in Österreich ein Wanderabzeichen erwerben) und gleichzeitig »Restaurant« für Wanderer. Das Frühstück ist jedenfalls gut und einmal ganz anders, mit Honig aus eigenen Bienenstöcken und flüssiger Butter.
Hier treffen wir auch den ersten Wanderer, einen schon alten Slowenen, der von Süden nach Norden geht und uns einige Tips gibt für den folgenden Wegabschnitt zum Sleme hinauf.
Auch die Bäuerin ist sehr nett, in gebrochenem Deutsch erzählt sie auf Papas Frage über die Kriegszeit, die sie hier als Kind miterlebt hat, zeigt uns an verkrüppelten Bäumen Einschüsse, ihre Stimme ist beim Erzählen auch ganz erregt, sie hat aber, wie wir an ihren freundlichen Gebärden merken, keinerlei Haßgefühle.
Der Weg auf den Berg Sleme hinauf weist keine Besonderheiten auf, weder eine bemerkenswerte Steigung (nur 150 m Höhenunterschied gegenüber Razbor) noch eine abwechslungsreiche Landschaft.
Das überraschend große Slemehaus würde mit Sicherheit überhaupt nicht existieren können, wenn nicht eine Straße – zum Glück ungeteert – hinaufführen würde. Dennoch wirkt es so, als hätte man nie größere Gästezahlen zu versorgen; der Wirt hat ganz offensichtlich überhaupt nicht mit einem Besuch gerechnet, er erscheint erst nach geraumer Zeit. Etwas Warmes zum Essen könne man von ihm wochentags wohl auch nicht erwarten, auf so etwas sei er ganz und gar nicht vorbereitet.
Das nächste Wegstück führt vom Sleme hinunter ins Tal, Grebenšek heißt der nächste Ort mit Kontrollstelle, und anfangs geht es recht steil

Mozirje an der Savinja

hinunter, wieder durch einen Wald, dessen Hang so abschüssig ist, daß wir immer wieder ins Laufen kommen. Die Rucksäcke schlagen dabei ständig gegen den Rücken, hin und wieder purzelt einer von uns auf den zum Glück weichen Waldboden.
Kaum haben wir uns ans Hinuntersteigen gewöhnt, da sind wir schon wieder auf einer staubigen Straße, auf der die Sonne besonders heiß sticht. Bald queren wir ein abgelegenes Gebiet, etwas sumpfig und mit seltsam moderigem Geruch.
Wenig später erreichen wir Grebenšek, zumindest halten wir einen weniger ländlich wirkenden Ort dafür, der sich in parallelen Häuserreihen entlang der hier asphaltierten Straße aufbaut. Die Häuser sehen mehr wie die einer Vorstadt aus, nicht wie Bauernhöfe, der Ort scheint noch nicht sehr alt zu sein. Trotzdem wirkt er zurückgeblieben: schmutzige Kinder spielen mit uraltem Spielzeug, ein Ochsenkarren bringt Mist auf die Felder, ein paar verrostete Kleinwagen, meist Fiats älteren Baujahres, stehen am Straßenrand.
In einem Wald unterhalb von Grebenšek treffen wir auf einen Holzfäller, ein Riese, sicherlich zwei Meter groß, und anscheinend schwerhörig. Denn als er mit uns sprechen will, baut er sich vor uns auf und brüllt uns richtiggehend an, er ist fast zum Fürchten. Aber er ist sehr nett, bewundert uns und meint, bis Mozirje sei es noch sehr, sehr weit, ungefähr zwei bis drei Stunden, was, so glaubt er, für uns heute nicht

Offenbar kann man in diesem Jugoslawien, das ein einziges und einzigartiges Experiment nationalen, sozialistischen, konfessionellen und kulturellen Zusammenlebens ist, seine abweichende Meinung ganz undezent äußern, ohne daß gleich ein Polizist oder ein Spitzel in Aktion tritt.
Beim Frühstück in Razbor erzählt uns die Wirtin von den Toten des Krieges, von den Zerstörungen, die man zum Teil noch sieht, vom Schicksal ihres Mannes, wie er über Rußland und Frankreich schließlich zu den Partisanen kam. Sie erzählt ganz sachlich, aber die Sache hat es in sich. Butter hat sie keine. Sie schöpft uns den Rahm von der Milch, den wir aufs Bauernbrot streichen. Und dann bringt sie Honig.
Ein Wanderer kommt vom Süden, er will unseren Weg nach Eibiswald gehen und weicht jeder politischen Frage freundlich aus. Er erzählt vom Volk, vom Land, er schwärmt vom Triglav und dem Bleder See. So kommen wir auf die Literatur Soweniens, die bei uns so gut wie unbekannt ist. Ich habe lediglich ein Büchlein von France Prešeren mitgenommen, dem »Nationalheiligen« der slowenischen Literatur, der in einem Bauernnest bei Bled zur Welt gekommen ist. Herder hatte ihn inspiriert, die nationale Wiedergeburt der Tschechen und Slowaken und die deutsche Romantik. Seine Liebesgedichte klingen in slowenisch wie Gesang. 1849 ist er gestorben – keine fünfzig Jahre alt.
An dem berühmtesten Gedicht – es heißt »Pevcu«, »An den Dichter« und ist die Ode auf einen Dichter-Sänger, der zugleich Hoherpriester des Volkes ist – an diesem Gedicht kann man besonders anschaulich erkennen, wie bei den Slawen die Rolle des Poeten viel größer, bedeutungsvoller ist als im Westen. Er gilt dem Volk als Seher, Weiser und Prophet zugleich. Als

sechs Jahre nach Preŝerven der Pole
Adam Mickiewicz starb, trauerte,
weinte, klagte eine ganze Nation
um ihn.
Schade, daß man bei uns das Lernen slawischer Sprachen seit je den Slawisten überlassen hat. Einem rationalistischen Denken ist natürlich das Studium von Sprachen kleiner Nationen noch unrentabler als das der klassischen toten Sprachen Griechisch und Latein. Natürlich ist es nicht möglich, das Sorbische wieder zum Leben zu erwecken oder das Gälische. Aber bedauern darf man das doch.
Mozirje hieß früher Praßberg. Die Totentafeln an der Kirche tragen auch hier fast ausschließlich deutsche Namen. Daß das Slowenische – eingeklemmt zwischen so viel Deutsch und Italienisch und vom Kroatischen nach Sprachgeschichte und Sprachstamm durchaus abgesetzt – lebt, erscheint manchem Slowenen wie ein kleines Wunder.

mehr zu schaffen sei, nachdem wir doch schon einen langen Weg hinter uns hätten. Etwas müde sind wir allerdings, aber inzwischen steht die Sonne schon tiefer, das Land wird in ein mildes Licht getaucht, der Weg führt immer leicht ansteigend und leicht fallend durch Wälder und Felder, an kleinen murmelnden Bächen entlang, und da fällt alles nicht so schwer.
Beim letzten Wegstück passiert es zum erstenmal in Slowenien, daß wir vom Weg abkommen, sogar zweimal, doch immer finden wir die Markierung wieder. Es ist alles so übersichtlich, und wir wissen genau, in welcher Richtung unser Ziel liegt.

Mozirje an der Savinja ist der bisher hübscheste und belebteste Ort an unserem Wanderweg in Slowenien. Richtig gepflegt wirkt er mit seinen sauberen niedrigen südlichen Häusern, einer breiten Hauptstraße und vielen engen, verwinkelten Gassen.
Im Garten des sehr angenehmen und komfortablen Hotels »Turist« bietet sich uns eine kleine Komödie: ein schon ziemlich angetrunkener Slowene läßt seinem Mundwerk freien Lauf und schimpft wie ein Rohrspatz über seinen Staat und alles, was ihm daran nicht paßt. Das scheint man stillschweigend zu dulden, ein Zeichen dafür, daß Jugoslawien doch weniger zum Ostblock als eher zum Westen zu zählen ist.

21. Tag

Donnerstag, der 26. 8.

Drei Wochen sind wir jetzt unterwegs, knapp drei Wochen wandern wir nun von Norden nach Süden, und heute ist der letzte Tag, von Mozirje nach Motnik – keine allzu lange Strecke mehr. Auf dem Weg haben wir Gelegenheit, ein kleines Resümee unserer Eindrücke und Erfahrungen zu ziehen. Wir denken an jeden einzelnen Tag zurück und stellen eine weitere Tabelle auf, in der die einzelnen Wandertage bewertet werden, wieder jeder für sich, mit einem ähnlichen Punktesystem wie bei den österreichischen Unterkünften. Natürlich ist diese Bewertung wieder subjektiv; so spielte das Wetter eben eine entscheidende Rolle. Andere Wanderer, die zu anderer Zeit dieselbe Strecke durchwandern, haben möglicherweise ganz anderes Wetter und kommen deshalb zu einem ganz anderen Ergebnis. Außerdem liegt eine gewisse »Ungerechtigkeit« darin, daß eigentlich jeder Tag auf

1.	Seewiesen–Leobener Hütte	15.8.	67 Punkte
2.	Gaberlhaus–Pack	20.8.	62 Punkte
3.	Pack–Koralpenhaus	21.8.	58 Punkte
4.	Gleinalpenhaus–Gaberlhaus	19.8.	51 Punkte
5.	Koralpenhaus–Eibiswald	22.8.	49 Punkte
6.	Mozirje–Motnik	26.8.	44 Punkte
7.	Lackenhof–Mooshuben	13.8.	43 Punkte
8.	Radlje–Letališče	24.8.	41 Punkte
9.	Nebelstein–Liebenau	7.8.	38 Punkte
10.	Traunstein–Spitz	9.8.	36 Punkte
11.	Plankenstein–Lackenhof	12.8.	34 Punkte
12.	Letališče–Mozirje	25.8.	31 Punkte
13.	Mugelhaus–Gleinalpenhaus	18.8.	28 Punkte
14.	Melk–Plankenstein	11.8.	26 Punkte
15.	Leobener Hütte–Leoben	16.8.	25 Punkte
16.	Leoben–Mugelhaus	17.8.	23 Punkte
17.	Liebenau–Traunstein	8.8.	22 Punkte
18.	Spitz–Melk	10.8.	6 Punkte

Laibach, 26. August

Ljubljana – die »Vielgeliebte«. Hotel Kompas, das beste und teuerste Hotel der Hauptstadt. Wir werden uns heute verwöhnen, morgen neu einkleiden, den Wanderkrempel heimschicken, den Rest des Europäischen Wanderweges sich selbst und anderen überlassen und mit dem Zug nach Rijeka fahren. Die Freude der Kinder straft mich Lügen, wenn ich behaupte, ich hätte

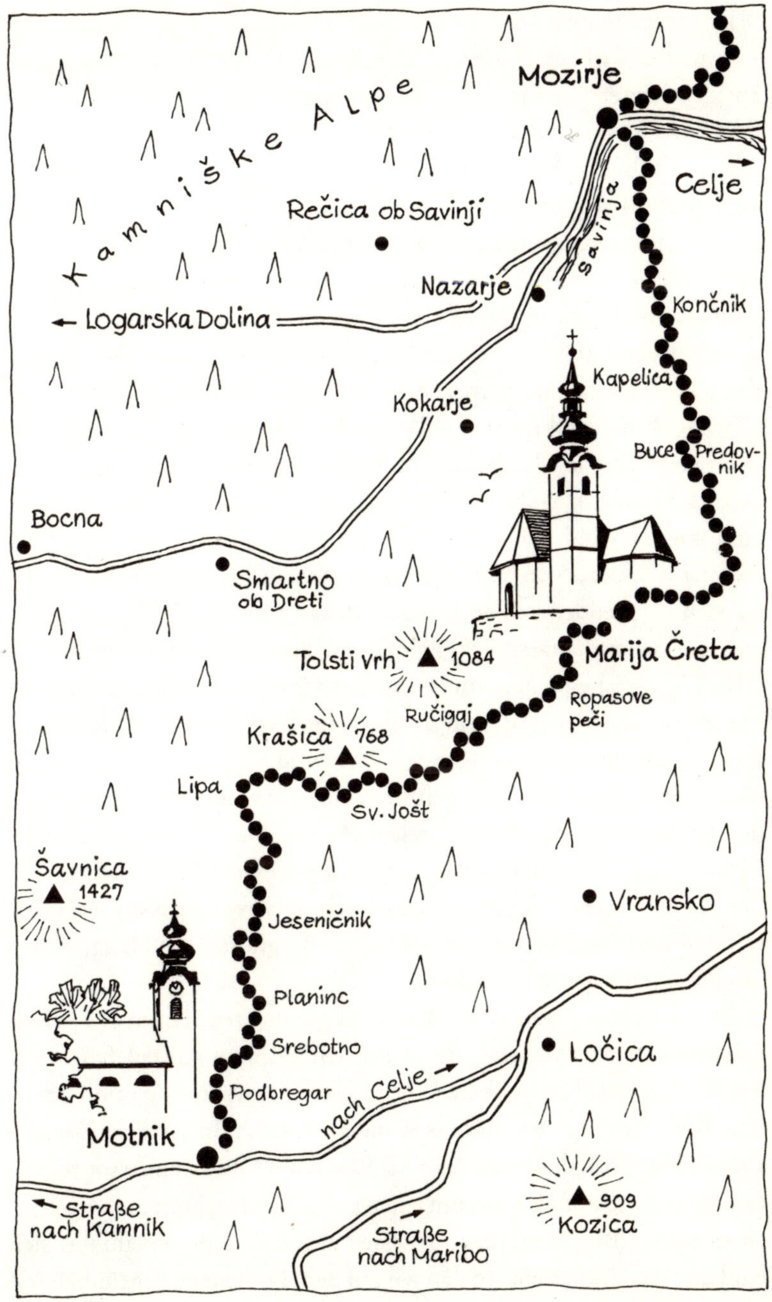

in ihnen einen unstillbaren Wandertrieb geweckt. Zumindest läßt er sich leichter ignorieren als andere Triebe.
Der Morgen verspricht schönes Wetter. Nur noch acht bis neun Stunden. In mir entdecke ich doch eine kleine Abschiedswehmut gegenüber diesem Weiterziehen durch die Natur. Es ist wie bei einer Wallfahrt, als wir die Kirche Sv. Marija Čreta vor uns auf dem Berggipfel sehen. Marienland

seine Art schön war, und nur ein einziger ist bei allen in gleich schlechter Erinnerung, der unseres Wandertiefpunktes: von Spitz nach Melk, wo wir uns allerdings auch nicht überall an den markierten Weg gehalten haben.

Wieder scheint heute die Sonne, und wir lassen uns immer wieder Zeit – zwar weniger beim Gehen – und legen des öfteren längere Rasten ein, um den letzten Wandertag voll auszukosten.
Es bieten sich auch immer wieder wunderschöne, stille Plätzchen dazu, zum Beispiel bei der schneeweißen Kirche Marija Čreta, die wir kurz nach Mittag erreichen. Bei ihrem Anblick erinnern wir uns, sie schon auf unserer gestrigen Wanderung hin und wieder ganz klein in der Ferne gesehen zu haben. Hier legen wir uns ins Gras; die Sonne ist warm, aber der kühle Wind nimmt ihr die Hitze, und das Rasten ist wieder einmal äußerst angenehm. Die Kirche selbst ist geschlossen. Ein paar Fenster sind zerbrochen, und es scheint so, als würde sich überhaupt niemand mehr um das Bauwerk kümmern. Auf dem Vorplatz steht eine mächtige Linde mit einem gewaltigen Stamm, deren dichtes Blattwerk wohltuenden Schatten spendet; darunter ist es so kühl wie im Wald.
Auf der Rückseite von Marija Čreta, unterhalb eines rund hundert Meter steil abfallenden kahlen Hanges, stehen einsam und abgeschnitten ein paar Bauernhäuser, nicht einmal eine Straße vom Tal herauf ist zu sehen. Wahrscheinlich kommt man hierher nur mit dem Traktor oder mit einem Lasttier. Allerdings sehen die zwei oder drei Höfe ganz stattlich aus, mit ihren riesigen Scheunen und ein paar Ställen. In einen dieser Höfe treten wir unaufgefordert ein, wir wollen von dem Bauern den Schlüssel für die nebenan gelegene »Berghütte« holen. Die ganze Familie ist gerade beim Mittagessen, es riecht ein bißchen seltsam ... Der Bauer ist sehr freundlich, unterbricht unseretwegen sogar das Essen und begleitet uns zu jener winzigen »Berghütte« am Hang, mitten in einem winzigen Bauerndorf.
Bald wandern wir weiter, auf dem sanft gerundeten Kamm dieser Hügelkette entlang. Alles scheint in der Mittagshitze zu schlafen, sogar der Wind, so still ist es überall. Wir lassen uns wieder Zeit und genießen die letzten Stunden unseres Wandererdaseins. Im nächsten kleinen Ort, in Svati Jošt, dösen wir bei einer Rast unter Obstbäumen sogar ein.
Hinter Svati Jošt muß man, um einen tiefen Taleinschnitt zu umgehen, einen weiten Bogen machen, der nach und nach langsam abfällt, sich bald um 180 Grad dreht, so daß wir auf dem Höhenzug gegenüber von Svati Jošt wieder herauskommen.
Schließlich, gegen 16 Uhr, erreichen wir unser Ziel Motnik, wieder ein kleiner Ort, geradezu idyllisch gelegen; auf allen Seiten Wald, weite satte Felder und Wiesen, die einzelnen Häuser des Ortes sind jeweils mit einer größeren Anzahl von Bäumen umgeben, ein anheimelnder Eindruck.

auch hier, wie Böhmen, wie Bayern, wie Österreich. Doch weh; als wir vor der verschlossenen Kirche stehen, merken wir, daß nur noch die Mauern geblieben sind und auch diese allmählich zerfallen. Maria wird also nicht mehr gefeiert, besucht, gebraucht. Dasselbe bei der nächsten Wallfahrtskirche: Sv. Jošt. Vor Motnik streikt kurz die Fotografiersonne fürs Schlußbild der

Wanderung. Wir erreichen mit knapper Not den einzigen Bus des Tages. Der bringt uns nach Kamnik, dann weiter nach Laibach.
Der Rest unseres Ferientagebuches mag die Großmütter interessieren, mit Wandern hat er nichts zu tun, der eine Tag vielleicht ausgenommen, wo wir fürs nächste Jahr zu planen beginnen.

Am Hauptplatz von Motnik, auf dem keine Menschenseele zu sehen ist, steht zum Glück ein Bus, der sogar schon nach wenigen Minuten abfährt, nach Kamnik, zu deutsch Stein, von wo wir direkten Busanschluß nach Ljubljana (Laibach) haben. Dort werden wir uns morgen neu einkleiden – unsere Wanderkleidung ist für die zivilisierte Welt doch etwas zerlumpt, und dann wollen wir nach Rijeka fahren, zum Baden und Faulenzen.
Rund 600 Kilometer Fußmarsch liegen jetzt hinter uns, genau 18 Wandertage haben wir zur Bewältigung dieser Entfernung benötigt, dazu drei Ruhetage. Wir haben viel gesehen, viel mehr noch, als hier erzählt wurde, denn viele Einzeleindrücke, die das Bild des Ganzen prägen, gehen doch schnell verloren oder würden zu weit führen; auch Gefühle, die man in bestimmten Situationen empfindet, sind nicht leicht wiederzugeben, zumal ja vieles auf jeden anders wirkt.
Manches war schon sehr anstrengend, und da war es sicher für den einen oder anderen – vom Jüngsten bis zum Papa – nicht leicht, sich zusammenzureißen und weiterzumachen, doch körperliche »Leiden« sind immer schnell vergessen, sie weichen dem so angenehmen Gefühl der Entspannung, der wohligen Müdigkeit – und was bleibt, das ist schöne Erinnerung an alles, was man gesehen und erlebt hat.

22.–31. Tag

Freitag, der 27. 8. mit Sonntag, dem 5. 9.

Die Wanderung liegt hinter uns, der zweite Teil des Urlaubs, der Faulenzerteil, beginnt. Man kann ihn ganz grob in drei Abschnitte unterteilen: in den kurzen Aufenthalt in Ljubljana, in die Badetage in Kraljevica und in die Schiffsreise über die Adria mit »Kulturaufenthalt« in Venedig.
In Ljubljana bleiben wir nur einen Tag, an dem wir allerhand erledigen, was – zum Teil – unbedingt nötig ist. Nachdem wir uns vollständig neu eingekleidet haben und praktisch wie verwandelt aussehen, glauben wir zwecks Entlastung des Rucksacks, daß es besser sei, die nicht mehr nötigen Wandersachen, schmutzigen Hosen, Schuhe, Landkarten, per Post nach Hause zu schicken. Die beiden Pakete sind zum Schluß zusammen rund zehn Kilo schwer, kosten natürlich auch dementsprechend viel Porto. Doch das hätten wir uns eigentlich sparen können, denn die einzigen Strecken, die wir die Rucksäcke jetzt noch tragen müssen, sind zum oder vom Zug, ganz kurze Strecken, sonst liegen sie eben in unserem Quartier.
Damit können wir gleich zum zweiten Punkt, dem Badeurlaub an der Adria, übergehen, denn die Stadt Laibach können wir nicht genauer anschauen. Wir werfen vor unserer Abfahrt nur noch einen Blick von oben hinab, von einem Hochhaus, auf dessen Dach ein Restaurant ist, von wo man einen ausgezeichneten Rundblick hat. Ljubljana, die Hauptstadt Sloweniens, hat jetzt ungefähr 180 000 Einwohner, liegt nahe an der Mündung der Ljubljanica in die Save, und erinnert im Stadtbild stark an Salzburg. Ähnlich wie dort erhebt sich ein dicht bewaldeter Burgberg über der Altstadt, aus der überall Kirchtürme aufragen. Man merkt deutlich die ehemalige österreichische Stadt.
Mit dem Zug, bei nur einmaligem Umsteigen in Pivka, sind wir nach etwa zwei Stunden in Rijeka, der Hafenstadt, die in der Geschichte bekanntgeworden ist durch die Besetzung im Jahre 1919 durch die italienische Freischar D'Annunzios. Wir hatten uns diese Stadt sehr schön vorgestellt, aber, das merken wir bei unserem Rundgang: Rijeka ist total heruntergekommen, verschmutzt. Das Stadtbild wird überall durch stillose Gebäude vollends gestört, moderne Riesenbauten mitten in einem Meer von ohnehin tristen, grauen verfallenden Fassaden älterer Häuser; dazu der dreckige stinkende Hafen. Zugegeben, wir haben uns

Oštro, 29. August

Heute bin ich also wieder ein Jahr älter geworden. So gern ich die Geburtstage der anderen feiere, so glücklich bin ich, daß meiner in die Ferien fällt. Flucht? Oder Wandern? Ich staune bei diesen Inventurtagen immer wieder, was in einem solchen ungefragten Leben alles Platz hat. Lust und viel mehr Leid, Freude und viel mehr Trauer. Ein alter Gedanke: Wenn noch Ungeborene vorher wie im Zeitraffer ihr Schicksal sehen könnten – wie viele würden sich für das Leben entscheiden, wie viele für das Ungeborensein? Und ich? Will ich leben? »Erde, du liebe, ich will.«
Drei Tage nun schon am Adriastrand. Mich juckt's in den Beinen. Diese Stumpfsinns-Badestrandurlaube. Das ist hochmütig? Das ist ehrlich – ich habe schließlich auch so viele Wochen am Strand herumgelegen, geschmort, geschmökert, gewässert, gesagt: »Das tut dir gut, man muß mal so richtig ausspannen, an nichts denken, mit den Kindern beisammen sein, ausschlafen . . .« Quatsch.

nicht weiter darum bemüht, schönere Stadtteile zu finden oder danach zu fragen, das mag wohl daran liegen, daß uns der erste Eindruck vom Stadtkern zu sehr geschreckt hat. Außerdem sind wir ja zum Baden hergefahren.

Was wir für unseren Badeaufenthalt suchen, das ist ein kleiner Bungalow oder ein Häuschen in Meeresnähe, in dem wir für uns sein können. Doch in den ersten drei Reisebüros weiß man von dergleichen nichts, man will uns bei Bekannten in Privatzimmern unterbringen. In einem der Büros kann man uns überhaupt keine Auskunft geben, weil der Chef gerade nicht da ist, und ohne den Chef ...

Schließlich geraten wir in das Feriencamp Oštro bei Kraljevica, dreißig Kilometer südlich von Rijeka, wo es uns dann auch sehr gut gefällt. Am Wochenende ist es beinahe überfüllt mit Zelten und Wohnwagen, die Woche über sind wir zwar nicht ganz allein – es sind sehr viele deutsche Urlauber da, viele sind aus Griechenland vor dem Regen hierher geflohen –, aber wir haben genug Platz und Ruhe. Was uns vieren viel Spaß macht, das ist der Männerhaushalt in dem kleinen Häuschen, 50 Meter vom Meer entfernt, inmitten eines Wäldchens. Natürlich weist die Wohnung einige Mängel auf, aber wir Wandersleute sind ja nicht allzu scharf auf Komfort oder gar Luxus, wir wollen es lediglich nett haben. Mit viel Vergnügen brutzeln wir in der nicht schlecht ausgestatteten Küche unsere Mahlzeiten – es gelingt natürlich nicht immer alles. So müssen wir uns halt einmal mit einem »Zerplatzten-Würstelessen-mit-kaltem-Kartoffelbrei-und-angekohlten-Spiegeleiern« begnügen. Dafür gelingen dem Michi das nächstemal prima Pfannkuchen, und ein anderes Mal brät Peter die saftigsten Steaks, die man sich wünschen kann.

Auch das Baden macht Spaß: in den ersten Tagen haben wir viel Sonne, und als diese Mitte der Woche von dicken Gewitterwolken lange Zeit verdeckt bleibt, toben wir uns in den hochgehenden Wellen aus; das Wasser bleibt die ganzen Tage herrlich warm.

Der Strand ist zwar wenig breit, dafür ziemlich langgestreckt, typisch für Jugoslawien, also Felsenküste mit einem winzigen Fleckerl Sandstrand, womöglich sogar künstlich angelegt – zum Spielen für Kinder. Eigentlich sind die Felsen ideal: Man wird fast nicht dreckig, sie speichern die Sonnenwärme, und man ist sofort im tiefen Wasser. Einmal warnt uns ein Segler, als wir ein bißchen weiter hinausschwimmen, man müsse in der Nähe eines Hafens mit Haien rechnen, die vielleicht im Gefolge eines großen Schiffes in die Nähe der Küste kommen.

Schon vor Beginn des Urlaubs hatten wir uns darauf gefreut, daß wir von Rijeka aus mit dem Tragflügel- oder Luftkissenboot direkt nach

Wir revidieren unsere Tagebücher und erleben dabei noch einmal und neu diese sechshundert Kilometer, diese fast zweihundert Wander- und Raststunden, die sich so eigenwillig ins Gedächtnis einprägen und bei jedem anders, was nicht nur am Alter liegt und am erlernten Stil, sondern auch an Temperament und Empfindlichkeit. Dann reden wir über das nächste Jahr. Seit Seewiesen haben Christian und ich – jeder für sich – schon einen ähnlichen Plan im Kopf. Dort hatten wir von einem neuen Europäischen Wanderweg erfahren, der vom Neusiedler See in die Pyrenäen führt. Natürlich werden wir in drei Wochen auch wieder nur ein Stück davon gehen können. Nehmen wir also nur Frankreich. Die Franzosen kann ich mir nicht als Wanderer vorstellen, aber vielleicht ist das mein deutsches Vorurteil. Fliegen wir also nach Genf. Gehen wir dann durch Jura und Alpen bis Grenoble. Da bin ich 1950 mit dem Motorrad durchgerauscht. Durch das Rhônetal zu wandern wäre im August zu heiß;

Venedig fahren könnten; Papa hat nämlich früher schon einmal eines gesehen. Aber im Schiffsreisebüro von Rijeka zuckt man die Schultern, es heißt, die Sache habe sich nicht rentiert, von Rijeka gebe es keine Schiffsverbindung nach Venedig mehr. Immerhin besteht die Möglichkeit, am Freitag um sieben Uhr mit einem normalen Schiff von Poreč aus nach Venedig zu kommen. Poreč liegt allerdings ein ganz schönes Stück von Rijeka entfernt, also fahren wir am Donnerstag, dem 2. September, mit dem Bus dreieinhalb Stunden lang durch das nächtliche Istrien und den Karst.

Poreč sehen wir nur bei Nacht, bei einem nächtlichen Spaziergang, nachdem die Quartiersuche beim dritten Hotel schließlich erfolgreich war. Die kleine Stadt macht einen ziemlich sauberen, gepflegten Eindruck, das liegt wohl am Tourismus, der Geld bringt und verpflichtet. Am Freitag treten wir den allerletzten Abschnitt unserer Reise an: auf der »Marina« überqueren wir gemeinsam mit Hunderten von deutschen, englischen und amerikanischen Urlaubern in vier Stunden die Adria zwischen Istrien und Venedig. Wir sind die einzigen an Bord, die nur eine Strecke fahren, für alle anderen ist die Fahrt ein Tagesausflug mit Rückkehr in der Nacht. Für uns drei Buben ist es übrigens die erste Schiffsreise auf dem Meer. Peter wird zwar schon nach einer Stunde Fahrt seekrank – er findet die Toilette nicht und spuckt vor die Tür des Kapitäns –, aber kurze Zeit später ist er schon wieder fit.

Jetzt auch noch über Venedig zu schreiben, das würde zu weit führen, und außerdem haben wir dort nicht mehr erlebt als tausend andere. In der Nacht von Sonntag auf Montag fahren wir im Liegewagen, schlafend wie die Murmeltiere, wieder heim nach München. Der Alltag hat uns wieder – Papa geht direkt vom Bahnhof zur Arbeit – der schönste, tollste, erholsamste, abwechslungsreichste und abenteuerlichste Urlaub, den wir bisher erlebt haben, ist endgültig vorbei ...

also mit dem Zug von Grenoble bis
Nîmes und noch ein bißchen weiter
in die Süd-Cevennen.. Dann die dreihun-
dert Kilometer durch das menschenleere,
dörferarme Zentralmassiv, wo ich
damals vergeblich nach Siedlungsmöglich-
keiten für ostdeutsche Flüchtlingsbauern
gesucht hatte. Die Kinder sollen diese
»Reserve« der Nachbarn sehen, die
damals mit guten und weniger guten
Gründen ein neues Minderheitenproblem
vermeiden wollten. Also von Carcassonne
nach Lavelanet, und dann hinauf in die
»Alpen meiner Seele«, in die Pyrenäen.
Diese Wanderung wird abenteuerlicher
sein und ohne Zelt unmöglich. Aber
sie bringt zugleich ein Stück neuer
Welt – Sprache, Kultur, Essen. Auch
wieder sechshundert Kilometer und
eine Woche Faulenzen: Stierkampf
in Barcelona und Baden an der Costa
Dorada. Und daneben ein kleiner
Spaziergang durch die französische
Lyrik – Villon und Prevert, Baudelaire
und Valery, die lieben Frommen Claudel
und Jammes und viele andere – Wander-
lyrik ist es wohl nicht.
In einem Jahr – mein nächster Geburts-
tag, irgendwo bei Barcelona. Und die
Kinder gesund und ein Jahr gescheiter.
Dazwischen liegt die elf Monate lange
sinnvolle Fron des Alltags.

Ein kurzes Nachdenken über einen langen Weg

Aschermittwoch, 8. Februar 1978

Liebe Leserin, lieber Leser!

Genau anderthalb Jahre sind seit Beginn dieser Wanderung vergangen. Die Tagebuchzettel, Skizzen und Fotos von damals leben ihre eigene Existenz. Wenn ich sie heute anschaue, begegne ich einem, der ich zwar selber einmal gewesen bin, doch heute sind wir zwei verschiedene und der (das?) ältere schaut dem jüngeren Ego ein bißchen spöttisch, auch ein bißchen wehmütig über die Schulter. Und die Kinder erst! Christian ist mittlerweile an meinen hundertachtzig Zentimetern vorbeigeschossen, bald werde ich auch zu den beiden anderen hinaufschauen – der Vater als Frosch. Daß der Älteste nach dem Abitur die brotlose Kunst und Wissenschaft der Literatur studieren will, steht in losem Zusammenhang mit der lyrischen Verseuchung »zwischen Böhmerwald und Adria« durch seinen Vater. Die heutigen Gesichter der Kinder sind von den damaligen Fotos weiter entfernt als das meine, woraus wir schließen, daß in reiferen Jahren die wunderbare Verwandlung des Lebendigen erstarrt.

Mittlerweile ist die damals an der Adria geplante zweite Wanderung ebenfalls Vergangenheit. Sie hat wohl wegen einiger Abenteuerlichkeiten die hier geschilderte aus der Erinnerung verdrängt. Die Franzosen sind noch kein Wandervolk. Da heißt es mehr improvisieren, aufs gute Glück hoffen, da kommt man ohne Zelt im Rucksack nicht zurecht, da ist – wie Don Quichote es einmal gesagt hat – »der Weg besser als die Herberge«. Nur meinte das sein Geistesvater Cervantes umgekehrt, hintergründig philosophisch, als wäre im Menschenleben der Weg das Ziel. Wir haben in den Cevennen einmal einen Ziegenstall, in den Pyrenäen eine Garage dankbar als Herberge angenommen, um nicht auf dem Wege bleiben zu müssen.

Ob dieser zweite lange Weg vom französischen Jura zur spanischen Grenze im Entwicklungs-Wanderland Frankreich schöner war? Für Geübte vielleicht. Anfänger sollten besser in Mitteleuropa beginnen. Die bizarr-melancholische Schönheit der menschenleeren Cevennen kann man nicht mit der stillen Anmut des rustikalen Waldviertels vergleichen; die Pyrenäen mögen einem, der sie zum ersten Male sieht, kühner erscheinen als die Alpen, einsamer, unerschlossener. Aber die Schönheit von Landschaften gegeneinander auszuspielen und Werturteile zu fällen, erinnert an die Kinderantwort auf die Frage: Wen hast du lieber, Papa oder Mama? – Alle beide.

Da wir nach unserem zweiten langen Weg an den dritten denken, konstatiere ich in meiner pathologischen Autobiographie: Wandern macht süchtig. Damit sage ich, daß es wie jede Sucht die Phantasie einschränkt. Man vergißt dabei, daß man den Urlaub auf soviel andere Weise zubringen könnte: am Strand, auf einem kleinen Boot, einem großen Schiff, im Inter-rail von Metropole zu Metropole, im Auto halb da und dort, auf einer Reise im Flugzeug um die Welt oder an einem festen Ort in den Bergen, in der Heide, in einem Bauernhof. Es gibt so viele herrliche Möglichkeiten, die Freiheit der Freizeit zu nutzen. Und doch denken wir vier fixiert an: Bretagne–Wales–Irland – und dann ein Faulenzen auf den Golfstrominseln Jersey und Guernsey –, oder Schottland – und auch eine Insel als Abschluß. Und für das nächste Jahr: die Pyrenäen von Ost nach West. Aber immer ist in den Plänen der Rucksack auf dem geistigen Rücken, als wäre er das einzig wichtige Urlaubsutensil.

Warum sind wir auf diesen plumpen Sack heruntergekommen? Eine bündige Antwort weiß ich nicht. Dies weiß ein beruflich Vielgereister jedoch: wer nach einer heutzutage für viele erschwinglichen »Reise um die Erde in dreißig Tagen« erholt an seinen Arbeitsplatz zurückzukommen behauptet, der lügt. Zu einem langen Wanderweg, wie dieses Buch ihn erzählt, gehören literweise Schweiß, gelegentlich verdorbene Gedärme, für die ersten Tage Fußblasen und aufgeriebene Schultern. Als Kompensation gibt es Augenlust, Nervenentspannung und einen gesunden Schlaf. Wer nachher sagt, er sei vom Urlaub erschöpft, der lügt.

Dieses Zu-sich-Kommen im Wandern führt zu dem Wichtigsten: dem Gespräch. Allmählich verläuft sich das ganze Gerede am Arbeitsplatz und in der Familie, und man kommt zu einem in Worten Ausatmen dessen, was man in der dummen Disziplin des genormten Lebens unterdrückt. Genau heute vor hundert Jahren kam in Wien Martin Buber zur Welt. Er ist durch Weisheit, Tugend und Mut einer der Großen dieses Jahrhunderts. Er hat sich manchmal einen Gratwanderer genannt, und er mag es auch gewesen sein. Was schon interessierte ihn mehr als dieses Gehen zu zweit, der Hüter des anderen bleibend? Ich wäre vermessen, ihn meinen Lehrer zu nennen. Als ich ihn 1951 zum ersten Male traf, war er dreiundsiebzig Jahre alt – ein fast großväterlicher Freund. Doch die Belehrung, die ich damals erfuhr, habe ich mein Lebtag lang nicht vergessen. Ich klagte, daß die Zeitschrift »Der Neue Ackermann«, die ich machte und deren Absichten ihn interessierten, keinen rechten Erfolg habe, und er sagte gütig und streng: »Der Erfolg ist keiner der Namen Gottes.« Diese gegen den Geist Calvins und des Kapitalismus gerichtete harte Belehrung, daß der Erfolg vor Gott nicht zählt, die Weisheit dieses alten Juden, der sich nach allem was geschehen dem jungen Deutschen nicht verschloß, habe ich nicht vergessen. Sie war zugleich der Anfang eines Dialogs über den Kern seiner Lehre, das »dialogische Prinzip«. Das Gerede habe das Gespräch heute ersetzt und zerstört. Das Gespräch erweckt, erzieht und erlöst den Menschen. So sagte er. Ich war damals von der Dialektik überzeugt, von Hegel und Marx, und hielt Bubers dialogisches Prinzip für eine frömmlerische Verharmlosung der unbarmherzigen Wirklichkeit. Wahrscheinlich mochte ich damals den Kampf, den Klassenkampf, mehr als heute. Buber hat den Dialog gelehrt als eine nicht Klassenkrieg stiftende, sondern vielleicht – wenn wir uns besinnen – Menschwerdung ermöglichende Form menschlicher Begegnung. Das dreifache Gespräch, wie es Buber gelehrt hat – mit dem Du, mit sich und mit Gott –, muß gelernt und geübt sein. Und nichts hilft dabei mehr als körperliche Bewegung. Peripatetik – das wußten die alten Griechen – ist ein Hilfsmittel beim Denken. Wenn Max Scheler (ich schrieb das hier schon) einmal meinte, daß seine Schreibmaschine für ihn denke, mag er der Bewegung seiner Finger und der Ungeduld eines weißen Blattes Papier solche Hilfskraft zugetraut haben. Doch um vieles größer ist die Unterstützung des Kopfes durch die Beine und die Geduld der Natur, die jedem gehört, der sie zu erfahren sucht.

Romantik? Ganz gewiß ist es auch Romantik, und es bleibe jedem überlassen, darin etwas Traumtänzerisches oder Anachronistisches zu sehen. Doch solle auch er bedenken, daß einem jeden von uns für solche Romantik in dieser Welt und Zeit zwischen dem grauen Arbeitsalltag nur das kleine Stück Urlaubsträumerei bleibt. Mir scheint zudem, daß die heutigen Menschen weniger der Klassik, des Realismus oder anderer ein-

und ausdrücklicher Kunst- und Lebensformen als Ausgleich bedürfen, sondern der Romantik. Wir leben auch von unseren Träumen und brauchen sie für unsere Gesundheit. Das hat der rigorose Traumarbeiter Sigmund Freud erkannt.

Wenn ich noch einmal einen Blick auf die Seiten werfe, die meine Kinder und ich hier aus der Hand geben, empfinde ich kaum eine Peinlichkeit über unsere Herzensergießungen an eine anonyme Öffentlichkeit bei dem Gedanken, daß unter den Lesern ein paar sein könnten, die sich von ihnen infizieren, anstecken lassen. An sie ist bei diesem in Inhalt und Form unzeitgemäßen Unternehmen gedacht. Unzeitgemäß? Wirklich? Würde auch ich daran glauben, hätte ich freilich dieses Buch für mich behalten, schon der Bäume zuliebe, die dafür ungefragt das Papier liefern müssen.

Und ist es eine anonyme Öffentlichkeit? Es gibt da ein unsichtbares geistiges Band zwischen den Wanderern. Es verbindet Menschen aller Schichten. (Dies allein rechtfertigt wohl die gewisse Vertraulichkeit im Ton dieses Buches.) Einer der sozialkritischsten Intellektuellen der Napoleonzeit, Johann Gottfried Seume, der Spaziergänger von Leipzig nach Syrakus, für den ein Ölbaum und ein Weizenfeld größere Heiligtümer waren als der Petersdom, hat seine ätzende Kritik an den Mißständen der Kirche und der Ausbeutung der Armen erwandert. »Wer geht« – schreibt er in »Mein Sommer 1805« –, »sieht im Durchschnitt anthropologisch und kosmisch mehr, als wer fährt.« Der liebenswert kritische Wandsbecker Bote Matthias Claudius gehört dazu wie der Spätklassiker der Mark Brandenburg, Theodor Fontane. Der liberal oppositionelle Politiker Altösterreichs Anastasius Grün meinte: »Federleicht, ja federleicht muß der Wanderer sein.« Und Goethe stellt die unorganisierte Gemeinschaft der Wanderer in einem Epigramm über alle anderen Menschen: »Willst du besser sein als wir, lieber Freund, so wandre.«

Wenn ich mich am Schluß nach anderthalb Jahren frage, ob ich nach unseren Erfahrungen den Weg wieder so oder anders machen würde, dann gibt es in diesem Tagebuch unverschwiegene Punkte, wo wir dumme Fehler gemacht haben – zum Beispiel auf unserer via dolorosa et periculosa von Schönbühel nach Melk. Gleichzeitig – Widersprüchlichkeit menschlichen Geschicks! – hat sich uns jene Schinderei so tief eingeprägt, daß wir sie jetzt aus unserem Gedächtnis nicht mehr hergeben möchten. Außerdem geht man niemals den gleichen Weg beim zweiten Male gleich.

So möchte ich gern in fünfzehn Jahren – und schön wäre es, wenn eines der Kinder mitginge – auf den gleichen Wegen gehen, in kürzeren Etappen notabene, vielleicht um fünfzehn Jahre klüger, ausgetobter, ausgeglichener. Was mag sich da alles geändert haben? Wie werden die Wirtsleute aussehen? Wie werden die kleinen Gefahren von damals wach, die Sorge in Traunstein, die Angst auf der Koralpe?

Was soll ich noch raten? Nehme jeder so wenig mit wie möglich. Aller Anfang ist schwer. Am Anfang, am ersten Tag, in den ersten Stunden ist der Rucksack am schwersten. Wer zuviel eingepackt hat, wird sich beim ersten Gasthof, beim ersten Postamt ohne Murren von allem trennen, was er entbehrlich findet.

Den Eltern, denen dieses Buch vor allem gilt, und jenen, die Eltern werden wollen, sei versichert: ein solcher Urlaub ist den Kindern unvergeßlicher als irgendein anderer. Mein frommer und weiser Großvater, von Beruf Jurist, der noch mit über achtzig Jahren regelmäßig wanderte, gab seinem zehnjährigen Enkel einen schlichten Volksspruch mit auf den Weg: »Wer wandert in der Jugend, lernt Weisheit, Kunst und Tugend.«

Damals mag es mir nicht viel anders geklungen haben als ein Knittelreim, wie ihn die Landpfarrer den Bauernbuben im Dutzend predigen. Heute merke ich, daß da kein Wort zuviel oder zuwenig drinsteckt.

Allerdings könnte beim Lesen dieses Buches mancher Vater oder manche Mutter sagen, daß hier sportlicher Leistungswahn getrieben wurde. Um Leistungswahn, auch Leistungssport auf höherer Ebene, ging es nicht. Aber Leistung mag man es am Ende getrost nennen. Ich weiß, daß viele Erzieher dieses Wort in den letzten beiden Jahrzehnten scharf verurteilt haben. Es wurde mit Zwang und dem Modewort Repression gleichgesetzt. Heute scheint man wieder ein wenig einsichtiger, undogmatischer über die Leistung zu denken. Sosehr mir Martin Buber einst geholfen hat, das Erfolgsstreben, das auch zu der bürgerlichen Erziehung in meinem Elternhaus gehört hatte, abzubauen, so hat er durch sein Leben und sein riesiges Werk demonstriert, daß die Leistung zum Menschen gehört, zu seiner Selbsterziehung, zur Erziehung seiner Kinder und zum Handeln für den Mitmenschen.

Wenn Sie unseren Weg nachgehen sollten, werden Sie sich die Tagesziele nach Ihrem Geschmack und nach Ihren Kräften einteilen. Bisweilen kann ein bißchen weniger ein bißchen mehr sein. Auf den Geschmack kommt man mit der Zeit mehr und mehr – und auch zu Kräften.

Es gibt gottlob keinen Wanderergruß wie das Waidmannsheil der Jäger. Also sage ich Ihnen: Grüß Gott!

Ihr L. R.

Quellennachweis

Das Rilke-Gedicht »Der Panther« auf Seite 48 wurde mit freundlicher Genehmigung des Insel Verlages, das von Gottfried Benn »Aus Fernen, aus Reichen« auf Seite 68 mit der des Limes Verlages wiedergegeben, während die Druckerlaubnis des Gedichts von Bertolt Brecht: »Legende von der Entstehung des Buches Taoteking ...« vom Suhrkamp Verlag erteilt wurde.

Bildnachweis

Bavaria/Bahnmüller 41; Bavaria/Schneiders 48, 81 oben; Bavaria/Teuffen 81 unten; Löbl 8, 9, 25; Löbl/Schreyer 40, 49, 80, 97; NÖ. Landesregierung/Simoner (Hermann) 24 oben und unten; Schellinger 56, 57, 72 oben, 73; Staber (Hermann) 72 unten